Borreliose-Jahrbuch 2017

Ute Fischer
Bernhard Siegmund

mit weiteren Beiträgen von
Walter Berghoff
Günther Binnewies
Klaus Gesell
Peter Patzak
Petra Hopf-Seidel

Borreliose Wissen
aus den letzten zwölf Monaten
Ungefiltert Erschütternd Wissenswert

Ein Buch aus dem
Redaktionsbüro Fischer + Siegmund
In den Rödern 13
64354 Reinheim
www.fischer-siegmund.de

Fotos: Fischer, Ute (5), Siegmund, Bernhard (1), Siegmund, Claudia (1), Hopf-Seidel, Petra (5), DAK Seite 28, privat (6).

Die Borreliose-Jahrbücher werden nach bestem Wissen und journalistischer Recherche sowie aus persönlicher Betroffenheit zusammengestellt.

Sie ersetzen keinen Arzt-Besuch.

Für Richtigkeit, Wirksamkeit, Dosierungen und Ähnliches wird keine Gewähr übernommen.

ISBN: 978-3-7412-9539-3

Jede Verwertung des Werkes außerhalb der Grenzen des Urheberrechtsgesetzes ist unzulässig und strafbar. Dies gilt insbesondere für Übersetzung, Nachdruck, Mikroverfilmung oder vergleichbare Verfahren sowie die Speicherung in Datenverarbeitungsanlagen.

© 2016 Ute Fischer + Bernhard Siegmund
Herstellung und Verlag: BoD - Books on Demand, Norderstedt

Inhaltsverzeichnis

Anleitung zum Führen des Symptom-Tagebuchs 4
Gier 7
Die verborgene Ursache 9
Chronic Fatigue Syndrome 23
Verbitterung – ein fast unheilbares Leiden 28
Was ist Myasthenia gravis? 31
Leitlinie Kutane Manifestation 32
Stellungnahme von W. Berghoff 32
Therapeutisches Schreiben 39
Antibiotika-Prophylaxe? 45
Stammzelltherapie nach Dr. Shroff 47
Wie Infektionen ablaufen 56
Reduzieren Antibiotika die Infektiosität der Borrelien? ... 56
Borreliose-Patienten als Verschiebemasse 58
Borreliose-Explosion in der Schweiz 65
Warum haben wir solch eine Medizin? 66
Psoriasis, Borreliose oder? 70
Zur Arztsituation 2016 74
Was Ärzte von Schamanen lernen könnten 76
Auf und ab…und heute geht es mir richtig gut 78
52 Jahre Borreliose 100
Zeckenstiche gelten als Unfall 102
Neues von Plum Island 102
Wie gründet sich eine Selbsthilfegruppe? 104
Prominente Borreliose-Opfer 2016 106
Aus der Borreliose-Beratung 107
Empowerment – ich habe einen Traum 108
Selbsthilfe 112
Bücher von den Autoren 117
Literatur vom Borreliose und FSME Bund 120
Zu guter Letzt 123

Symptom-Tagebuch

Anleitung zum Führen des Symptom-Tagebuchs

Seit Erscheinen des ersten Borreliose-Jahrbuchs 2006 fanden Sie stets ein als Symptom-Tagebuch vorbereitetes Kalendarium in diesem Buch. Das haben wir 2013 aufgegeben, um den Preis des Jahrbuchs erschwinglicher zu machen.

Sie können sich stattdessen eine einfache Kladde einrichten, ein Schulheft, ein Ringbuch oder ihre Eintragungen täglich mit dem Computer festhalten.

Wofür ein Symptom-Tagebuch?

Borreliose-Beschwerden ändern sich von Tag zu Tag. Entzündungen springen von Gelenk zu Gelenk, von einer Körperseite auf die andere. Sie verschwinden urplötzlich und blühen wo anders auf, wo sie nicht sofort als Borreliose-Symptom identifiziert werden. Erst in der Zusammenschau der Vielfalt von Beschwerden, ihre vermuteten Auslöser und vor allem, wenn ihnen eine gewisse Dynamik anzumerken ist, schafft ein Symptom-Tagebuch Beweise, wenn man mal wieder in die psychische Ecke gedrängt werden soll. Vom Arzt. Vom Lebenspartner. Von den Kollegen.

Ein Symptom-Tagebuch bringt Ordnung in die verwirrenden Eindrücke, die ein Borreliose-Patient erfährt. Damit lässt sich nachvollziehen, auf welches Medikament und wann eine Besserung eintritt oder das Gegenteil. Es hilft auch, sich zu erinnern, welche Aktivitäten Beschwerden verstärken oder abschwächen und wie lange man welches Medikament in welcher Dosis eingenommen hat. Und es zeigt eindrucksvoll, wenn ein neuer Schub stattgefunden hat und wie lang die beschwerdefreie Phase danach angehalten hat.

Wir raten Ihnen, sich auf Beschwerden zu konzentrieren, die nach Ihrem Anschein tatsächlich mit der Borreliose zusammenhängen können. Ein Muskelkater, weil man nach langer Zeit mal wieder beim Turnen war, muss daher auch mit der untrainierten

Symptom-Tagebuch

Aktivität erfasst werden. Wichtig vor allem ist die Unterscheidung, wie sich so ein Muskelkater anfühlt und wie der, den uns die Borreliose oft über Tage und Wochen beschert. Vor allem lernen Sie, Ihre Beschwerden möglichst genau zu beschreiben, zu differenzieren. Es tut nicht einfach nur weh. Schmerzen sind stechend, brennend, kribbelnd, pochend, ziehend, fließend, wandernd, flächig, punktuell, sternförmig, ringförmig. Kopfschmerzen können sein kappenförmig, von einer Seite ausgehend, dröhnend, von Nacken aufsteigend, vom Ohr aufsteigend, klopfend oder von einem Gefühl, als sei der Kopf in Watte gepackt. Auch Lähmungen verändern sich. Taubheit auf der Haut wechselt sich ab mit Eiseskälte, brennenden Stellen und unbremsbarem Juckreiz.

Bei Wortfindungsstörungen schreiben Sie auf, welche Worte Sie verwechseln: zum Beispiel Zahl und Zeit, Teppich und Teddy, obsolet und obligat, Hose und Schuhe, einpacken und einplanen, Vorsitzender und Vorgesetzte, Konfirmation und Konstitution, Information und Infektion.

Wichtig bei diesen Beschreibungen sind auch die Ereignisse darum herum: Wenn Sie am Vorabend Alkohol getrunken haben, Ärger im Betrieb, Streit mit dem Partner hatten oder eine außergewöhnliche Mahlzeit wie zum Beispiel „Grünkohl mit Pinkel", „Schlachtplatte" oder ein exotisches Buffet mit ungewöhnlichen Gewürzen. Wenn Sie ungeübterweise einen langen Spaziergang gemacht haben, schwimmen waren, sie eine lange Autofahrt unternehmen mussten, mit dem Fahrrad in ein Unwetter gerieten. So mancher reagiert mit entsetzlichen und oft über Tage bleibenden Nackenschmerzen, weil er hochkonzentriert ein Kilogramm Zwiebeln geschnitten hat. Natürlich müssen auch besonders angenehme Aktivitäten festgehalten werden, um nachträglich zu sehen, wie gut Gefühle Beschwerden abschwächen und Schmerzen weniger intensiv erlebt werden als unter großer Traurigkeit.

Unser Immunsystem reagiert auf Gut und Böse. Was Gut und was Böse ist, entscheidet es allerdings selbst. Ist es gut drauf,

Symptom-Tagebuch

kann uns das vorbei fliegende Schnupfenvirus nichts anhaben. Erhielten wir gerade eine unangenehme Nachricht, sind wir empfänglich für Erreger. So immunstärkend Ausdauersport auch ist, kurz danach geht unser Immunsystem erst einmal in den Keller. Wer danach mit dem Bus nach Hause fährt, hat alle Scheunentore offen für Erreger seiner Umwelt.

Was gehört ins Symptom-Tagebuch?

Medikamente: Name, Art, Dosis

Körperliche Aktivitäten

Positive oder negative Reize/Erfahrungen

Termine wie Arzt, Krankengymnastik, Sportprogramm

Art der Beschwerden mit Erläuterung, ob sie neu sind oder schon länger vorhanden, ob sie sich verstärkt oder abgeschwächt haben oder verschwunden sind.

Gebräuchliche Abkürzungen, um mit kleinformatigen Kalendern klarzukommen:

Gebräuchliche Abkürzungen

KS	Kopfschmerzen
GS	Gelenkschmerzen (Nennung des Gelenks)
li	links
re	rechts
MS	Müdigkeit, Schlappheit
T	Taubheit (Lokalität)
L	Lähmung (Lokalität)
WF	Wortfindungsstörungen
VW	Verwirrtheit
SA	Schlechtes Allgemeingefühl
SP	Seh-Probleme
+	stärker
++	sehr stark
−	schwächer
=	gleich bleibend

Einleitung

Gier

Von Ute Fischer

Gehört das Thema in dieses Buch? Ja. Es gehört überall hin und man kann nicht oft genug darüber schreiben. Es war ein Artikel in der Allgemeinen Frankfurter Sonntagszeitung über den Schamanen Angaagaq aus Kangerlussaq, Westgrönland. Ein für unsere Begriffe unwirtlicher Ort mit einem Flughafen und einer Militärbasis. Ich war dort einmal im Sommer, den die Natur für nur drei Monate blumenreich erspießen lässt. Er blieb mir trotzdem grau in Erinnerung. Nur eine Herde wilder Moschusochsen ließ unsere Herzen höher schlagen.

Jener Angaagaq wurde von seinen Mitbewohnern als Delegierter der Vereinten Nationen in die Welt geschickt, um die Interessen der Eskimos zu vertreten. Er war in 40 Jahren in mehr als 60 Ländern der Erde. Er begegnete neben Managern, Bankern, Unternehmern, religiösen Oberhäuptern auch dem Dalai Lama und Nelson Mandela. Sie hätten sein Anliegen verstanden. Aber die meisten Menschen, vor denen er sprach, hätten ihm nur applaudiert, aber geändert hätten sie ihr Verhalten nicht. Angaagaq spricht über die Gier. Und er meint damit nicht nur Geld und Macht, sondern die Erlangung von Vorteilen, das Ausnützen von Situationen und Menschen zum alleinigen Nutzen, ohne etwas abgeben zu wollen.

Auch in der Borreliose-Selbsthilfe begegnet uns Gier. Borreliosepatienten suchen nach einer Selbsthilfegruppe (SHG), sind aber nicht bereit, ihre Erfahrungen mit anderen zu teilen. Sie kommen ein Mal, packen sich die Taschen mit Informationen voll und kommen nicht wieder. Andere jammern, wenn der Organisator einer SHG wegen Krankheit ausfällt, sich eventuell sogar erdreistet, die Gruppe aufgeben zu wollen, weil er keine Mithilfe bekommt. Dass auch er Borreliose hat, interessiert nicht.

Einleitung

Wie war das früher? Vor rund 30 Jahren gab es für Ratsuchende weder Selbsthilfegruppen noch einen Verein, auch keine Zeitschrift oder gar ein Buch. Wie dankbar waren wir für die kopierten Seiten von Dieter Hassler, der sie uneigennützig und auf seine Kosten an Hilfesuchende verschickte. Wie dankbar waren wir, die Telefonnummer von Prof. Rudolf Ackermann aus Köln zu besitzen, der meist sogar selbst am Apparat war.

Die ersten Borreliose-Selbsthilfegruppen verteilten vor 20 Jahren Wissenswertes unter den Betroffenen, die **begierig** aufsaugten, was zu erfahren war. **Begierig.** Ja. Damals entstanden sehr schnell Selbsthilfegruppen. 30 bis 50 Leute trafen **begierig** zusammen, um aus den wenigen Quellen des Wissens und aus der Erfahrung von anderen Betroffenen zu schöpfen. Man legte zusammen, um die Raummiete bezahlen zu können. Man stellte eine Spendenbox auf, aus der Porto und Telefon bezahlt werden konnte. Man war **begierig**, dieses Pflänzchen Borreliose-Selbsthilfe zu pflegen und zu hegen, damit es wachsen und reichlich Früchte tragen könnte.

Angaagaq ist weiter unterwegs. Er weiß, dass seine Vorträge die Menschen berühren. Aber es sei wohl zu schwer, sich mit dem zu begnügen, was man hat und das auch noch zu teilen, damit alle etwas haben. Angaagaq meint damit Geld und Macht, Essen und Kleidung. Ich meine, dass man auch Gefühle und Verständnis, Empathie und Annahme teilen muss, anstatt es sich von anderen zu beschaffen. So billig wie möglich, auch wenn es einen Teil der Lebenszeit eines anderen gekostet hat. Das Internet verstärkt diese Nehmer-Mentalität. Man holt sich, was man sucht, ohne etwas zurückgeben zu müssen. Man bleibt im Netz ja anonym. Auch das ist Gier. Man kann sie weder essen noch wirkt sie beim gesund werden.

Diagnostik

Die verborgene Ursache

Seelische Verletzungen als Auslöser chronischer Langzeit-Immunschwäche

Von Peter Patzak

Wie bekannt, sind Borrelien- wie alle anderen Bakterien- darauf angewiesen, dass der besiedelte Organismus eine mehr oder weniger deutliche Abwehrschwäche aufweist, damit ihnen eine Massenvermehrung (als „Infektionskrankheit" bezeichnet) ermöglicht wird (11,12).

Gesunde Organismen – beim Menschen gehört dazu zwingend eine stabile Psyche – erkranken nach auch wiederholten Zeckenstichen/Borrelieninfektionen nicht an Borreliose.

Im vergangenen Jahr hatte ich (mit der Praxiserfahrung von mehr als 200 chronisch Borreliose/Post Lyme Syndrome-Kranken) eine Auflistung der mir bekannten primären Ursachen der Immunschwäche, die den Boden für die Borreliose bereitet, zusammengestellt (Tab.1). Als der Artikel erschienen war (13), hatte die Praxiserfahrung den Inhalt der Aufzählung bereits überholt- ein wichtiger Faktor fehlte.

Dieser fehlende Faktor kam mir zu Bewusstsein, als sich in kurzer Folge mehrere (bisher ausschließlich weibliche) chronisch Borreliose-/Post-Lyme-Kranke bei mir vorstellten. Sie hatten die üblichen, oft monatelangen, Antibiotika-

Diagnostik

Kuren hinter sich- ihre Beschwerden waren dadurch wenig oder gar nicht gebessert.

Meine frühere tiermedizinische Erfahrung, dass gut gewählte homöopathische Mittel bei der Heilung antibiotikaresistenter Infektionen oft erfolgreich sind, war 1992 der Grund für mich, von der biochemischen Medizin zur Homöopathie zu wechseln. Seit 1999 hat sich in meiner Praxis diese Erkenntnis auch in Fällen erfolglos antibiotisch vorbehandelter Borreliosekranker bestätigt (12).

In den meist zwei- bis dreistündigen Anamnesegesprächen mit den Betroffenen zeigten sich in den obengenannten Fällen eindeutige Ursachen für die als Borreliose diagnostizierten Beschwerden: Es handelte sich um eine massive Posttraumatische Belastungsstörung. Dieser Hintergrund war entweder in der Vergangenheit von Psychologen/Psychiatern (ohne Rücksicht auf die als „Borreliose" klassifizierten Beschwerden- denn dafür ist in der reduktionistischen Medizin nur der Internist zuständig) oder gar nicht behandelt worden.

Die in der biochemischen Medizin nach wie vor betriebene, naturwidrige Auftrennung des Menschen in Körper und Psyche und die daraus folgende, ebenso widernatürliche wie erfolglose Behandlung von nur Seele oder nur Körper dürfen als einer der Hauptgründe für die Not aller chronisch Kranken betrachtet werden. Weder eine separate Seele ohne Körper („Geist"), noch ein separater Körper ohne Seele („Leiche") bedürfen ärztlicher Behandlung oder verlangen eine solche. In der Zusammenschau der wechselseitigen Bedingtheit körperlicher und seelischer Befindlichkeitsstörungen und deren Heilung werden moderne Universitätsmedizinerinnen kaum geschult.

Diagnostik

Ich hatte in der Vergangenheit oft familiensystemische Ursachen als Krankheitsauslöser bei chronischer Borreliose/Post-Lyme-Syndrome erkannt, wobei nicht selten schwere Traumata/Störungen in der Familie von Betroffenen (unbewusst) übernommen und als Krankheit ausagiert wurden. Dass ein frühes (unbewusstes oder verdrängtes) Trauma- in allen Fällen seit der Kindheit andauernd- kausal für die bedingende, chronische Immunschwäche sein würde, war für mich eine neue Erkenntnis.

Tabelle. 1

Kausalfaktor/eigentliche Krankheit als Borreliose- Symptome (fehl)diagnostizierte Beschwerden (geordnet nach Kopf-zu-Fuß-Schema)

Vaccinosis (8,12,14,18,21)	schwere Depressionen und Angstzustände, enzephalitische Herde/ MS, Denk-, Sprach- und Wortfindungsstörungen,Verhaltensstörungen, Aggressionen, Apathie, Vertigo, chronische Cephalgie, chronische zerebrale oder spinale Meningitis, Sehverlust, Hörstörungen, Brachialis- oder Trigeminus- Neuralgie, myalgische/makrophagische Myofasciitis, (Poly)neuropathie, chronische Neuralgien, Ischialgie, Lähmungen (Guillan-Barré- Syndrom), juvenile Polyarthritis/ Autoimmun- Arthritis, Schlafstörungen, Krämpfe, Konvulsionen, Chronic Fatigue Syndrome, chronische Infektanfälligkeit durch Immunsystem- Schwächung
Schwermetall-Intoxikationen Quecksilber (2)	Depression, Denk- und Orientierungsstörungen, Gedächtnisstörungen, Antriebslosigkeit, chronische Cephalgie/Migräne, Schwindel, Sehstörungen (z. B. Diplopie), Opticus-Neuritis, Hörstörungen, Tinnitus, Herzarrhythmie, Endo- und Myokarditis, Lähmungen, Polyneuropathie, Myasthenie, Muskelkrämpfe, Fibromyalgie (Sehnen-Bänder-Schmerzen und -entzündungen), rheumatoide Arthritis, Schlafstörungen,

Diagnostik

	chronische Infektanfälligkeit durch Immunsystem- Schwächung, Chronic Fatigue Syndrome
Blei (9)	Unkonzentriertheit/Nervosität, Lernstörung und Enzephalopathie bei Kindern und Erwachsenen,Schwindel, Kopfschmerz, (Trigeminus-) Neuralgie, Tachykardie, Neuropathie, Muskelschmerzen, Lähmung, Schwäche,Gewichtsabnahme, Chronic Fatigue Syndrome
Chronische Radiosis bzw. RIIDS (Radiation Induced Immune Deficiency Syndrome) (16,24)	chronische Gelenkschmerzen (vgl. AMB Rad-br.!),Polyneuropathie (Taubheit der Hände und Füße), Läsionen im Gehirn (vgl. die häufigen differentialdiagnostischen Probleme bei der Abgrenzung von Neuroborreliose und MS), heftige Kopfschmerzen, die kaum auf Analgetika ansprechen, Gedächtnisschwäche, Hitzewallungen und Schweiß,chronische Erschöpfung, starke Infektanfälligkeit durch Immunsystem- Schwächung
Synthetic Hormone Syndrome (SHS) Unerwünschte Arzneiwirkungen Folgen m.o.w. langer Hormoneinnahme fast ausschl. bei Frauen festgestellt(7,15)	Aggressivität, Angst, Aphasie, Benommenheit, Nervosität, emotionale Labilität, Depression, Vertigo, cerebrale Durchblutungsstörungen, Cephalgie/ Migräne, Opticus- Neuritis, Augenmuskellähmung, Sehstörungen/Hemianopsie,Hörstörungen, Tinnitus, Arthritis/ Arthralgien, Myalgien, Muskelspasmen, Rückenschmerzen, periphere Neuropathie, Parästhesien, Raynaud-Syndrom, verschiedene Eritheme, starke Gewichtsab- oder -zunahme, HemiplegieKonvulsionen, Infektanfälligkeit durch Immunsystem- Schwächung, Chronic Fatigue Syndrome

Diagnostik

Zahnherde durch avitale (=infizierte) Zähne (10,20,23)	Chronische Cephalgie/Migräne, Hemicranie, cerebrale Spasmen, Multiple Sklerose, Antriebsstörungen, Sehstörungen, organische Augenerkrankungen (auch Augenhintergrund), Nystagmus, Tinnitus, Trigeminus- Neuralgie, Periarthritishumeroscapularis, Brachialgia nocturna, Lumbalgien, Ischialgie, Schwäche der Beine, Gehstörungen, chronische Arthralgien, Myalgien, alle denkbaren Erkrankungen des Bindegewebes
Familiensystemische Probleme als ursächlicher und/oder erhaltender Faktor wie von Hahnemann in den Chronischen Krankheiten beschrieben (4,6,19)	Psychosomatische Beschwerden aller Art, die erfahrene HomöopathInnen regelmäßig in der Praxis sehen: Angststörungen, Depressionen, Cephalgie/ Migräne, Vertigo, Rückenschmerzen, Arthralgien, Schlafstörungen

Prinzipiell neu ist die Erkenntnis einer Immunschwäche durch Angst, Schmerz und Verzweiflung natürlich nicht. Bei den bekannten Versuchen von Hans Selye an Ratten (er wurde als Schöpfer des Begriffes „Stress" bekannt) vor mehr als 50 Jahren fiel bereits auf, dass durch den stressbedingt hohen Cortisolspiegel nahezu alle Abwehrzellen (Lymphozyten) aus dem Blut verschwanden. Somit ist der direkte Zusammenhang zwischen vom Menschen empfundener seelischer Verletzung durch sexuelle, seelische und/oder körperliche Misshandlung, fehlende Bindungen und menschliche Wärme einerseits und einer fehlenden Immunabwehr gegenüber Bakterien aller Art andererseits leicht zu erkennen. Chronisch wird das Problem, wenn die seelischen Verletzungen sehr schwer sind/waren (wie bei Kriegsopfern oder Militärangehörigen im Krieg) oder über längere Zeit anhielten (Vernachlässigung oder Misshandlung von Kindern). Psychologen prägten den Begriff „Posttraumatic Stress Disorder= Posttraumatische Belastungsstörung) und bieten entsprechende Therapien an. Der be-

Diagnostik

kannte amerikanische Psychiater und Hirnforscher Bruce Perry hat diese Zusammenhänge in einem Buch für Laien sehr anschaulich dargestellt, das auch auf Deutsch erschienen ist (17).

Im größeren Maßstab hat sich durch medizinhistorische Forschungen gezeigt, dass auch den epidemisch auftretenden Infektionskrankheiten (von Lepra über die Pest bis zu Scharlach und Typhus) immer kollektive Stressfaktoren zugrundeliegen (Mangelernährung, Überschwemmungen, Kriegszüge…), die mit seelischen Überlastungen einhergehen (wenn zum Beispiel nahe Angehörige verhungern, ertrinken oder ermordet werden) (1).

Auch Menschen, die diese Traumata als Erwachsene erlebt haben, leiden dauerhaft darunter. Um wie viel mehr muss eine zarte Kinderseele, die zu ihrer gesunden Entwicklung der Unterstützung und des Schutzes besonders bedarf, leiden, wenn Misshandlungen- wie auch in westlichen Industrieländern häufig- über lange Zeit und systematisch geschehen (22).

Die Betroffenen können als Erwachsene das Trauma zeitweilig erfolgreich verdrängen (aus dem Bewusstsein m.o.w. weitgehend löschen) und nach außen hin ein „normales" Leben führen. Psychologen bezeichnen dieses Phänomen zutreffend als „Verdrängungsarbeit", weil es sich um einen aktiven Prozess des Unterbewusstseins handelt, der viel Energie kostet. Solange die Betroffene jugendlich ist, mag diese Verdrängung (besonders bei Jüngeren gern mit Hilfe von Drogen aller Art, bei Älteren gern durch Arbeit) gelingen, weil sie die nötige Energie aufbringen können. Jedoch ist diese Energie erschöpflich und es kommt- bei der einen früher, bei anderen später- zu Erscheinungen, die vielfältige Diagnosen tragen: Fibromyalgie, Syringomyelie, Borreliose,

Diagnostik

chronische Kopfschmerzen, Schulter-Arm-Syndrom/Frozen Shoulder, Arthritis...

In vielen, aber nicht allen, Fällen sind psychiatrische Diagnosen dabei: „Angststörung, Antriebsstörung, Depression, Posttraumatische Belastungsstörung, Panikattacken", aber auch Herzsensationen (bei denen der Kardiologe wenig oder nichts findet) und ein bunter Strauß weiterer Diagnosen- je mehr Fachärzte die Betroffene aufsucht, desto mehr Diagnosen werden es. Dauerhafte Hilfe/Heilung erfahren die Kranken nicht, und viele leiden zusätzlich unter Nebenwirkungen der chemischen Medikamente, die zur Linderung gedacht sind (diverse Schmerzmittel und Psychopharmaka). In der Psychiatrie ist dieses Phänomen zwar bekannt unter dem Namen „Somatisierungsstörung", aussichtsreiche Heilungsangebote sind jedoch rar.

In der Homöopathie greifen wir auf jahrhundertelange Erfahrungen mit der Behandlung seelischer Störungen zurück, und auch heute wird großer Wert auf deren ganzheitliche Heilung gelegt. 2005 war der New Yorker homöopathische Psychiater Prof. Dr. Edward Shalts einer der gefragtesten Redner auf dem LIGA (Weltverband homöopathischer Ärzte)- Kongress, als er von der Behandlung traumatisierter Soldaten (infolge der amerikanischen Kriegszüge) oder der Behandlung traumatisierter Helfer nach dem Attentat vom 11. September 2001 berichtete. 2013 drehten sich die „Münchner Homöopathietage" explizit um die homöopathische Traumabehandlung, nachdem die Kranken Gewalt in der Familie erfahren hatten- ein leider häufiges Thema in unseren Sprechstunden. Im September 2016 hielt die israelische homöopathische Ärztin Dr. Michal Yakir in Berlin ein Seminar zum Thema „homöopathische Traumabehandlung", in dem sie die Erfahrungen weitergab, die sie in ihrer Heimat durch die regelmäßige Behandlung der Opfer von Terror und Gewalt gesammelt hat.

Diagnostik

Exemplarisch sei das homöopathische Vorgehen am Beispiel einer 65-jährigen Kranken erläutert. Die 20 handschriftliche Seiten umfassende, dreistündige *Fallaufnahme* kann aus Raumgründen hier nur auszugsweise wiedergegeben werden (in Klammern Fragen des Therapeuten):

(Was möchten Sie heilen?) Verzweiflung und Traurigkeit („weine jeden Morgen"), Hoffnungslosigkeit, die Borreliose ist das Letzte, was mich belästigt hat, sie hat mir den Boden unter den Füßen weggezogen, ich habe viele Erkrankungen, für die ich als verrückt angesehen wurde. Ich war überall die Blöde, die sich alles einbildet... Seit ein paar Wochen erwache ich nachts mit sehr starken Schmerzen, ... Ich bin so lebenssatt. Oft habe ich Gedanken an Selbstmord, 3 × habe ich es bereits versucht, zuletzt vor einem Jahr.

(Wie war Ihre Kindheit?) Ich war ein ungewolltes Kind, mein Vater ist, während meine Mutter mit mir schwanger war, tödlich verunglückt, so war ich unehelich. Die Mutter ließ mich wissen „Du hast mein Leben zerstört." Ich schlief bis zum 18. Lebensjahr bei ihr im Bett, sie weinte jede Nacht. Ich war in Schockstarre... Also versuchte ich, immer brav zu sein, damit sie mich doch liebt...

In einer psychiatrischen Behandlungssitzung bekam ich eine Erinnerung an meine Kindheit, ich muss ungefähr vier Jahre alt gewesen sein: jemand stützte sich auf meiner Brust ab, ich nahm Geruch wie von einem Schweinestall wahr, ich schrie und weinte, mir wurde der Mund zugehalten... es war eine Vergewaltigung.

Mein Mann war alkohol- und drogenabhängig. Einige Wochen nach unserer Hochzeit wurde er gewalttätig. Selbst nach der Scheidung versuchte er, mich umzubringen...

Ich habe keinen Kontakt zu meiner Mutter, war selbst ein Einzelkind, habe keine Verwandten... Ich war immer naiv, ich schämte mich immer dafür, wie dumm ich bin (sie hat einen Hochschulabschluss!). Meine Schmerzen sind bohrend- stechend, wie mit einem

Diagnostik

scharfen Messer geschnitten... in der Brustwirbelsäule mittig, wie durchgebrochen.

Ich habe Schmerzen in der linken Kopfhälfte seit der Borreliose, die im Mai 2010 begann. Ein fürchterliches Stechen und Bohren, wie gehirnamputiert- Schmerztabletten helfen nicht. Ich habe seit meiner Jugend Essanfälle, ich muss permanent essen, wie eine Kuh.

Für die Borreliose nahm ich ½ Jahr lang Antibiotika. Ich sage mir jeden Morgen "ich kann nicht mehr, ich will nicht mehr."Ich lehne mein Leben ab, weil ich niemand eine Hilfe bin (sie arbeitete immer in Helferberufen!). Durch Gerüche wird mir übel, als Kind hatte ich unstillbares Erbrechen.

Nachdem mein Mann versucht hatte, mich zu töten, habe ich jahrelang im Schlaf geschrien. Ich habe wenig Kontrolle, aber die ist mir wichtig... wenn mich der Arzt schmerzhaft untersucht, schlage ich aus... Beim Aufstehen bekam ich Drehschwindel, fiel um und brach mir vier Rippen.

Nachts erwache ich durch Schmerzen im Rücken und in den Handgelenken, morgens um fünf Uhr kann ich nicht mehr schlafen, weil meine Hände eingeschlafen sind.

Ihre medizinischen Diagnosen lauten u.a.: „Fibromyalgie, Chronic Fatigue Syndrome, Syringomyelie, Morbus Hashimoto, Reaktive Arthritis, Subacromialsyndrom, Ulnarissyndrom, Bursitis subdeltoidea, Zehenarthrose, Golferellenbogen, ISG-Irritation, Innenmeniskusläsion, Bandscheibenprotrusion L5/S1, Bandscheibenvorfall LWK 4/5, Borreliose, Polyarthrose, Histaminintoleranz, Morbus Ledderhose, Chondropathie, Osteochondrose, Knochenatrophie des Oberkiefers, Hyperlipidämie, Fibroadenom der linken Brust, Zustand nach Salpingoovariektomie, Tonsillektomie, Cholezystektomie, Candidose, Yersinien-, Chlamydien- und Borrelien-positiv..." (Ich hatte nach dem

Diagnostik

Anamnesegespräch circa 50 Seiten Krankenhausakten auszuwerten).

Wir zeichnen in der homöopathischen Anamnese nicht nur gewissenhaft die Worte der Kranken auf, sondern auch unsere Wahrnehmungen: Die Kranke wechselte beim Sprechen über ihre Krankheitsbiografie ständig zwischen Lachen und Weinen hin und her, eine auffällige Verhaltensweise. Die Anleitung zum homöopathischen Behandeln, das „Organon der Heilkunst", sagt dazu im § 211 (5, Original-Orthographie der 6. Aufl. von 1844):

Dieß geht so weit, daß bei homöopathischer Wahl eines Heilmittels, der Gemüthszustand des Kranken oft am meisten den Ausschlag giebt, als Zeichen von bestimmter Eigenheit, welches dem genau beobachteten Arzte unter allen am wenigsten verborgen bleiben kann.

Homöopathie ist eine phänomenologische Methode, d.h. wir nehmen die Erscheinungen so wie sie sind, ohne etwas hineinzuinterpretieren oder zu psychologisieren. Eine Trennung zwischen Körperkrankheit und seelischer Erkrankung findet nicht statt, jedoch findet der Gemütszustand bei der Fallaufnahme und deren Auswertung besondere Beachtung.

Neben der Borreliose-Betroffenen hinlänglich bekannten Facharzt-Odyssee erhielt die Kranke seit sechs Jahren Psychotherapie. Sie erfährt weder davon noch durch die starken Schmerzmedikamente, die ihr verordnet wurden, Schmerzlinderung.

Die homöopathische Auswertung besteht in einem Vergleich der Gesamtheit der charakteristischen Symptome der Kranken mit den bekannten Arzneimittel-Bildern/Symptomsammlungen der homöopathischen Arzneimittellehren (Materiae medicae) (§ 153 Organon, 5).

Diagnostik

Erschwerend für die homöopathische Analyse war in diesem Fall, dass die Kranke infolge ausgiebiger Psychotherapie- Erfahrung anstatt ihres spontanen teilweise ein erlerntes Verhalten zeigte, d.h. sie hatte durch die Therapien „gelernt, mit dem Trauma umzugehen". Wie wir sahen, hatte die langjährige Psychotherapie auf die Entwicklung der Somatisierungsstörung (Facharztbezeichnungen: „Fibromyalgie, Syringomyelie, Borreliose,...") keinen Einfluss. Das kann und sollte von einer Behandlung, die einseitig die Psyche im Blick hat, auch nicht erwartet werden. Gleichwohl kann eine Psychotherapie, wenn kunstgerecht angewandt, den Betroffenen willkommen und eine Hilfe im Umgang mit der Krankheit sein.

Sowohl das Gesamtbild der Störung (lebenslange Unterdrückung, ausgenutzt werden, Helferdrang um sich nützlich zu fühlen…) als auch die Symptome im Detail (Depression mit Suizidneigung, Gefühl, sie sei von ihrer Mutter getrennt, mangelndes Selbstwertgefühl, Schwindel mit Neigung zu fallen, chronische Kopfschmerzen, Übelkeit durch Gerüche, Tumor der Brust, Schmerzen in den Knochen als seien sie zerbrochen…) wie auch ihre wörtlichen Äußerungen (*schämte mich immer dafür, wie dumm ich bin; … schlage ich aus; muss permanent essen, wie eine Kuh*) weisen deutlich auf das Mittel *Lac defloratum* (entrahmte Kuhmilch) hin. Das Mittel wird 1 x tgl. als Q- Potenz gerochen und bei Bedarf mehrmals täglich eingenommen.

Das Ergebnis der Behandlung war nach vier Monaten durchaus zufriedenstellend, vor allem, wenn es mit dem der Vorbehandlungen verglichen wird:

Das auffällige Weinen, das morgens beim Erwachen auftrat und das sie auch sonst bei jeder Gelegenheit überfallen hat-

Diagnostik

te, ist weg, ebenso das abwechselnde Lachen und Weinen während des Sprechens. Es gibt keine Selbstmordgedanken mehr und die Stimmung ist gut: *Es geht mir so gut wie schon lange nicht. Die nächtlichen Schmerzen haben aufgehört, ich kann gut ein- und durchschlafen. Das Gedächtnis ist wieder gut. Die Schmerzen in den Handgelenken und Daumen sind weg. Der Kopfschmerz ist weg.*

Am 20.9. 2016 berichtete die Geheilte über völlige Beschwerdefreiheit auf allen Ebenen und wurde als geheilt entlassen.

Dem vergleichsweise hohen personellen Aufwand für die Betreuung (in den ersten Monaten der Behandlung circa eine Stunde alle zwei bis vier Wochen, später genügt eine halbe Stunde pro Monat) durch eine/n versierte/n Homöopath/in steht ein geringer materiell-technischer Aufwand gegenüber (10- 20 € Arzneikosten pro Monat). Nebenwirkungen (im Sinne von Vergiftungserscheinungen) treten durch die homöopathischen Mittel gar nicht auf (da sie infolge der Abreicherung bei der Herstellung keinen Stoff mehr enthalten), wohl aber gelegentlich und kurzzeitig unangenehme Reaktionen (verstärkte Ausscheidungen für einige Tage wie Durchfall, Schweiß) oder frühere Symptome, die den Heilungsverlauf charakterisieren (die Beschwerden verschwinden bei echter Heilung in umgekehrter Reihenfolge wie sie gekommen sind).

Es sei darauf verwiesen, dass homöopathische Verordnungen streng individuell erfolgen müssen. Das Mittel Lac defloratum, das dieser Kranken große Linderung verschafft hat, hatte ich bei den bisherigen 200 Borreliosekranken noch nie eingesetzt. Insgesamt wählt die versierte Homöopathin aus mehr als 2.000 bekannten Arzneimitteln das individuell passende bzw. eine Abfolge passender Mittel aus. Eine Verordnung nach klinischer Diagnose („Borreliose,

Diagnostik

Depression,…), wie in der biochemischen Medizin üblich, gibt es in der Homöopathie nicht! Aus diesem und zahlreichen anderen Fällen kann ich mittlerweile sagen, dass sich die Homöopathie als therapeutische Alternative für Borreliosekranke mit auch oder überwiegend seelischen Beschwerden anbietet. Sie sollte als Primärversorgung erwogen werden, wenn Kranke Antibiotika von vornherein ablehnen, sie nicht vertragen oder diese kontraindiziert sind.

Quellen

Alderson, William; Miasms and Social Change, HL, Autumn 2008

Daunderer, Max; Amalgam, 6. Aufl., ecomed, Landsberg/ Lech 2000

Gnaiger-Rathmanner, Jutta u. Mayr, Rosemarie; Homöopathie bei Psychotrauma, Haug Verlag, Heidelberg 2012

Hahnemann, Samuel; Die Theorie der Chronischen Krankheiten, Barthel & Barthel Verlag, Schäftlarn 1996

Hahnemann, Samuel; Organon der Heilkunst, O. Verlag, Berg a. Starnberger See 1985

Hausner, Stephan; Auch wenn es mich das Leben kostet, Carl- Auer Systeme, Heidelberg 2008

Institut für Arzneimittelinformation; arznei-telegramm- Datenbank, Unerwünschte Wirkungen zum Wirkstoff Ethinylestradiol + Desogestrel, Unerwünschte Wirkungen zum Wirkstoff Ethinylestradiol + Drospirenon, Stand Januar 2015

Institut für Arzneimittelinformation; arznei-telegramm- Datenbank, Unerwünschte Wirkungen zu Impfstoffen, Berlin, Stand Januar 2015

Meißner, D. Klemm, M. und Zogbaum, M.; Problematik, Klinik und Beispiele der Spurenelementvergiftung- Blei, Toxichem Krimtech 2011;78(3):453

Mieg, Rosemarie; Zähne als Krankheitsursache, Ehrenwirth, München 1996

Diagnostik

Patzak (Alex), Peter; Epidemische Krankheiten im Spiegel globaler, sozialer & ökologischer Entwicklung, Vortrag auf dem 2. Europäischen Borreliose- Symposium, Torgau, Juni 2013, Hör- CD, Verlag Homöopathie+Symbol, Berlin 2013

Patzak, Peter; Borreliose- Hintergründe und Heilung, Edition Krannich, Bennewitz 2015

Patzak, Peter; Borreliose- Phänomen oder Phantom?- Epidemische Krankheiten als gesellschaftliche Phänomene: Genetik- Miasmatik- Politik, Homöopathie Konkret, Heft 2/ 2015

Patzak, Peter; Erkennung und homöopathische Behandlung von Impfschäden (unveröffentlicht)

Patzak, Peter; Das Synthetische-Hormon-Syndrom: Erkennung und homöopathische Behandlung (unveröffentlicht)

Patzak, Peter; Die Chronische Niedrigdosis- Strahlenkrankheit- Erkennung und homöopathische Behandlung (unveröffentlicht)

Perry, Bruce u. Maia Szalavitz; Der Junge, der wie ein Hund gehalten wurde, Kösel 2008

Risch, Gerhard, Laborde, Yves; Die hereditären chronischen Krankheiten, Müller & Steinicke, München 1998

Schäfer, Thomas; Was die Seele krank macht und was sie heilt, Knaur TB 2000

Shakman, Stuart H.; Medicines Grandest Fraud, Santa Monica 1999

Smits, Tinus; Das Impfschaden-Syndrom, 4. Aufl., Narayana, Kandern 2014

Tsokos, Michael, Guddat, Saskia; Deutschland misshandelt seine Kinder, Droemer HC 2014

Volkmer, Hollmann; Empirische Zusammenhänge zwischen Odontonen und Organen/Krankheiten, Übersichtstafel, EIDAM Medizin-Technologie GmbH Bad Homburg o.J.

Yablokov, Alexey V., Nesterenko, Vassily B., Nesterenko, Alexey V., Sherman- Nevinger, Jeannette D.; Chernobyl- Consequences of the Catastrophe for People and the Environment, New York Academy of Sciences 2009

Diagnostik

Chronic Fatigue Syndrome

Systemic exertion intolerance disease (SEID)

Von Walter Berghoff

Die Begriffe "chronisches Erschöpfungssyndrom", "chronisches Ermüdungssyndrom", "Chronic Fatigue Syndrome (CFS)" und "Systemic exertion intolerance disease (SEID)" sind Synonyma.

Die Krankheit wird in der Literatur kontrovers diskutiert. Der zuletzt übliche Begriff „CFS" wurde auf Empfehlung des Institute of Medicine (IOM) 2015 durch den Begriff SEID ersetzt (1).

Der Begriff „CFS" hat verschiedene historische Vorläufer. Bezüglich der einzelnen Begriffe sei auf die Tabelle 1 verwiesen. Die Begriffe „myalgische Encephalitis", „myalgische Encephalomyelitis" und „epidemische Neuromyasthenie" wurden zunächst als epidemische (weit verbreitet) Formen des CFS betrachtet; ein solcher Zusammenhang konnte jedoch nicht bestätigt werden (3).

Diagnostik

Tabelle 1
Synonyma für den Begriff „CFS"
(historische Begriffe)

Febricula (leichtes Fieber)
DaCosta-Syndrom (belastungsunabhängig auftretende Herz- und Atembeschwerden)
Effort-Syndrom (auch Beklemmungsgefühle in der Herzgegend, erhöhter Puls)
Soldiers heart (siehe DaCosta)
Neurasthenie (auch Erschöpfung nach leichtester körperlicher oder geistiger Anstrengung)
Myalgische Encephalitis (auch Chronische Müdigkeit)
Island-Krankheit
Myalgische Encephalomyelitis
Chronisches Fatigue und Immundysfunktionssyndrom
Die diagnostischen Kriterien (CFS, SEID) sind in Tabelle 2 dargestellt.

Tabelle 2
Diagnostische Kriterien des CFS beziehungsweise SEID

Beeinträchtigung der Sozialfunktionen für über sechs Monate, verbunden mit oft erheblichem Fatigue, definierbarem Beschwerdebeginn, nicht bedingt durch anhaltende körperliche Überlastung, keine Linderung in Ruhe
Krankheitsgefühl nach körperlicher Belastung
Kein erholsamer Schlaf
Alle drei Kriterien müssen erfüllt sein.

Zusatzkriterien:

Kognitive Störungen
Orthostatische Intoleranz
(zumindest 1 Zusatzkriterium muss erfüllt sein)

Diagnostik

Die Symptomatik bei CFS bzw. SEID sind in Tabelle 3 dargestellt.

Tabelle 3
Symptome bei CFS Häufigkeit in Prozent
(nach Straus SE, 1988 (2)

Symptom	%
Rasche Erschöpfbarkeit	100
Konzentrationsschwierigkeit	90
Kopfschmerz	90
Halsschmerzen	85
Schmerzhafte Lymphknoten	80
Muskelschmerzen	80
Gelenkschmerzen	75
Fiebriges Gefühl	75
Schlafprobleme	70
Psychiatrische Probleme	65
Allergien	55
Abdominelle Krämpfe	40
Gewichtsverlust	20
Hautausschlag	10
Tachykardie	10
Gewichtszunahme	5
Thorakale Schmerzen	5
Nachtschweiße	5

Zwischen CFS, SEID und Fibromyalgie bestehen klinische Ähnlichkeiten (4, 5), die in Tabelle 4 dargestellt sind.

Tabelle 4
Klinische Ähnlichkeiten zwischen CFS / SEID und Fibromyalgie

Krankheit betrifft vorwiegend Frauen (80 bis 90 Prozent)
Beschwerden üblicherweise zwischen 20 und 55 Jahren
Myalgien und Fatigue über 90 Prozent
Neurokognitive Störungen

Diagnostik

Mentale Störungen
Kopfschmerzen
Schlafstörungen
Kausalität ungeklärt
Medizinisch-technische Befunde unauffällig
Körperlicher Untersuchungsbefund unauffällig (abgesehen von tender points, die bei der Diagnose Fibromyalgie gefordert werden, jedoch vorhanden bei den meisten Patienten mit CFS, SEID)
Normale Befunde bei Labor und bildgebenden Verfahren
Chronische Beschwerdesymptomatik
Keine wirklich effektive Therapie möglich
Die Ätiologie (Ursache, auslösende Faktoren) von CFS / SEID ist ungeklärt. Früher diskutierte Zusammenhänge mit Virusinfekten, insbesondere EBV (Eppstein-Barr-Virus), immunologische Dysfunktion, endokrine-metabolische Dysfunktion, neuralvermittelte Hypotension (Bluthochdruck), Schlafunterbrechungen und genetische Faktoren konnten nicht bestätigt werden. Allerdings wurde die Ansicht geäußert, dass in einem Teil der Fälle angesichts geänderter Immunmarker ein chronisch entzündlicher Prozess vorliegen könnte (11, 12).

Bei Patienten mit Fatigue entfallen weniger als 10 Prozent auf CFS / SEID (6, 7).

Bei 65 Prozent der Patienten mit CFS / SEID werden psychiatrische Kriterien für Angststörung, Dysthymie (chronische depressive Verstimmung) oder Depression gefunden. Auch wenn solche psychiatrischen Erkrankungen nicht der Grund für CFS / SEID sind, sollte eine intensive psychopharmakologische Behandlung erfolgen (8, 9, 10).
CFS / SEID ist in der Regel eine Ausschlussdiagnose, das heißt unter dem Aspekt der Differenzialdiagnose sind andere Ursachen für das Fatigue und die sonstigen Symptome auszuschlie-

Diagnostik

ßen. Zur Differenzialdiagnose gehört auch die Lyme-Borreliose, die in 90 Prozent der Fälle mit Fatigue einhergeht.

Literaturverzeichnis

1. IOM (Institute of Medicine). Beyond Myalgic Encephalomyelitis/Chronic Fatigue Syndrome: Redefining an Illness. Washington, CD: The National Academies Press; 2015 http://www.iom.edu/mecfs (Accessed on February 12, 2015).
2. Straus SE. The chronic mononucleosis syndrome. J Infect Dis 1988; 157:405.
3. Levine PH, Dale JK, Benson-Grigg E, et al. A cluster of cases of chronic fatigue and chronic fatigue syndrome: clinical an immunologic studies. Clin Infect Dis 1996; 23:408.
4. Buchwald D, Garrity D. Comparison of patients with chronic fatigue syndrome, fibromyalgia, and multiple chemical sensitivities. Arch Intern Med 1994; 154:2049.
5. Aaron LA, Burke MM, Buchwald D. Overlapping conditions among patients with chronic fatigue syndrome, fibromyalgia, and temporomandibular disorder. Arch Intern Med 2000; 160:221.
6. Bates DW, Schmitt W, Buchwald D, et al. Prevalence of fatigue and chronic fatigue syndrome in a primary care practice. Arch Intern Med 1993; 153:2759.
7. Buchwald D, Umali P, Umali J, et al. Chronic fatigue and chronic fatigue syndrome: prevalence in a Pacific Norhwest health care system. Ann Intern Med 1995; 123:91.
8. Taerk GS, Toner BB, Salit IE, et al. Depression in patients with neuromyasthenia (benign myalgic encephalomyelitis). Int J Psychiatry Med 1987; 17:49.
9. Kruesi MJ, Dale J, Straus SE. Psychiatric diagnoses in patients who have chronic fatigue syndrome. J Clin Psychiatry 1989; 50:53.

Diagnostik

10. Manu P, Lane TJ, Matthews DA. The frequency of the chronic fatigue syndrome in patients with symptoms of persistent fatigue. Ann Intern Med 1988; 109:554.
11. Landay AL, Jessop C, Lennette ET, Levy JA. Chronic fatigue syndrome: clinical condition associated with immune activation. Lancet 1991; 338:707.
12. Buchwald D, Cheney PR, Peterson DL, et al. A chronic illness charactertized by fatigue, neurologic and immunologic disorders, and active human herpes virus type 6 infection. Ann Intern Med 1992; 116:103

Verbitterung – ein fast unheilbares Leiden

Hannes, 42, war von klein auf ein tatkräftiger Typ. Beruflich wie privat flogen ihm die Sympathien zu und beflügelten seine Karriereleiter. Alles, was er anpackte, schien ihm zu gelingen. Auch im Sportverein, im Kollegenkreis, unter Freunden – überall waren seine Ideen beliebt, seine Einsatzbereitschaft unerschöpflich. Für seine Frau war er Mister Wonderful, seinen Kindern ein Freund und guter Kumpel. Bis die Sache mit dem Zeckenstich passierte.

Monate lang klapperte er Ärzte ab und erhielt viele Diagnosen und Medikamente. Schleichend ging es ihm schlechter. Wegen häufiger Krankenzeiten vertrat ihn immer öfter sein Assistent. Und der war gar nicht mal so schlecht, musste er zugeben. Der Neid auf diesen jüngeren Kollegen fraß an ihm wie Säure an einer

Diagnostik

Marmor-Fensterbank. Er wurde aggressiv. Schuld gab er den Ärzten, weil sie ihn mit Therapien abspeisten, die nach seiner Meinung nicht halfen. Er unterstellte ihnen, dass er mit irgendwelchen Rezepten nur abgewimmelt werden solle, damit sie ihre Unfähigkeit nicht preisgaben.

Traurig verfolgte seine Frau, wie sich aus dem einst so liebenswerten Lebensgefährten ein rachsüchtiger Kotzbrocken entwickelte. Die Kinder schlichen mehr um ihn herum, als dass sie mit ihm spielen wollten, wie früher. Man sah Hannes nur noch selten lachen und wenn, dann zielte dieses Grinsen eher darauf hin, sich über jemanden lustig zu machen oder Rachegelüste zu formulieren. Er nannte es Galgenhumor, aber in Wirklichkeit haderte er mit dem Bruch in seinem Leben.

Ärzte nennen es Posttraumatische Belastungsstörung. Die Definition dieses Krankheitsbildes entstand für rückkehrende Soldaten aus dem ersten Weltkrieg, eine Diagnose für Menschen, deren Lebensperspektive durch äußere und fremde Einwirkungen zersprangen und wie ein in Bewegung geratenes Mosaik um sie herum schwammen. Zwar passten die meisten Teilchen noch alle zusammen, aber sie hatten die Bindung verloren. Heute gerät ein Mensch damit schnell in die riesige Schublade Depression. Doch Antidepressiva helfen nicht, wenn die Störung durch eine Kränkung entstand.

Hannes war zutiefst gekränkt. Er fühlte sich aus dem Zug seiner Lebensperspektive geworfen. Plötzlich hatte man ihn auf einem unbedeutenden Bahnhof abgesetzt, an dem es keinen Anschluss gab. In seinem Zuhause fühlte er sich nur noch geduldet, seit dem die Träume und Wünsche der Familie finanziell nur noch auf Sparflamme und in Bruchstücken realisiert werden konnten. Seine Suche nach einem

Diagnostik

Spezialisten, der ihm zu seinem alten Leben zurückverhelfen könnte, glich einem Wahn. Hannes war verbittert.

Im Gegensatz zu Depressiven, die sich selbst die Schuld an ihrem Zustand geben, zielt Verbitterung darauf, die Schuld anderen zuzuweisen. Depressive sind häufig antriebslos und letargisch, Verbitterte hingegen sind ausgeprägt wachsam, argwöhnisch und erfüllt von Rachegedanken. Sie erleben die Kränkung in immer wieder kehrenden Episoden. Ihr Denken ist beherrscht von Schuldzuweisungen und sich selbst erfüllenden Traumata, die sie zum Beispiel dem Arzt präsentieren nach dem Motto: „Nun schau mal, was Du aus mir gemacht hast!".

Verbitterungsstörung nennen Psychiater diese manchmal selbstzerstörerischen Anwandlungen. Wie soll ein Mensch gesunden, der in Wirklichkeit negative Rabattmarken sammelt? Das unbewusste Erkennen, dass sich diese Rechnungen nirgendwo präsentieren oder einlösen lassen, heizt die Verbitterung noch an. Verbitterung hat nichts mit Hilflosigkeit zu tun, eher mit Trotz und dem unbändigen Willen, die Schuld für sein Scheitern auf andere zu verteilen.

Auch in der Borreliose-Beratung tauchen selten, aber dennoch Personen auf, die vorgeben, Rat zu benötigen, aber im Grunde Vorwürfe kollektiv verteilen. „Mein Arzt kann froh sein, dass er tot ist; ich würde jeden Tag in die Praxis gehen und ihm eine Ohrfeige geben", begründete eine Patientin ihre nicht mehr erfüllbaren Rachegelüste. Wenn sie zur Krankenkasse muss, die ihr Medikamente verweigert, schminkt sie sich Augenringe: „Die sollen ruhig sehen, wie schlecht es mir geht."

Wie heilt man Verbitterung? Der Berliner Psychiater Michael Linden, Charité, entwickelte ein Therapiekonzept, das auf dem neuen Testament basiert. „Wenn die Weisheit in

Diagnostik

dein Herz kommen wird und die Erkenntnis deiner Seele gefällt, dann wird Besonnenheit dich beschirmen, Einsicht wird dich behüten", so äußerte sich Linden gegenüber der Frankfurter Allgemeinen Sonntagszeitung. Nein, es ist nicht so, dass er sie zum Beten bringt, aber doch anleitet, eine Brücke zu bauen, um wieder Herr der Lage zu werden und mit dem schmerzhaften Erlebnis abschließen zu können. Dazu gehört manchmal, dass man sich in die Rolle des Aggressors versetzt, dessen Emotionen nachspürt und sich überwindet, ihm oder der Situation zu vergeben. Wer das nicht schafft, ist von einem weiteren Leiden umklammert, das alle Chancen auf Besserung verhindert. Verbitterung. Psychiater bezeichnen es als ein Leiden eigener Art. Unheilbar bis die Einsicht kommt.

Was ist Myasthenia gravis?

Auch in diese Diagnose könnte eine verkannte Lyme-Borreliose rutschen. Myasthenia gravis zählt zu neurologischen Erkrankungen und bezeichnet eine schwere, belastungsabhängige Muskelschwäche und Erschöpfung. Es handelt sich angeblich um eine Autoimmunerkrankung mit Störung der neuromuskulären Übertragung. Kurz gefasst: Die Ursache sei keine Infektion, sondern das eigene Immunsystem.

Patienten klagen unter anderem über Sehstörungen, wechselnde Doppelbilder und Müdigkeit der Oberlider. Kennzeichnend sei jedoch die Schwäche in einigen Muskelgruppen, so auch der Sprech-, Schluck- und mimischen Muskulatur. Patienten klagen über ein Schweregefühl im Kopf, über Atemnot bei Belastung und eine zunehmende Schwäche beim Treppensteigen. Jeder Betroffene habe unterschiedliche Probleme, Symptome und funktionelle

Diagnostik

EinbuPDßen. Myasthenia gravis zählt zu den seltenen Krankheiten (ein Erkrankter pro 10.000 Personen). Quelle: www.dmg-online.de

Aufmerksam wurden wir auf diese Erkrankung, weil der Sprecher des ärztlichen Beirats der Deutschen Myasthenie-Gesellschaft, Berthold Schalke, Uni Regensburg, gegenüber Borreliosepatienten behauptete, er habe über Borreliose habilitiert, was gemäß Verzeichnis der Deutschen Nationalbibliothek nicht zu finden ist.

Leitlinie Kutane Manifestation

Beitrag in Medical Tribune (MT), 51. Jahrgang, Nr. 40, 07.10.2016 von Dr. Carola Gessner, Leiterin des Ressorts Medizin

Stellungnahme von PD Dr. Walter. Berghoff

Der Artikel bezieht sich auf die Leitlinie (LL) der Deutschen Dermatologischen Gesellschaft (DDG) „Kutane Lyme-Borreliose", publiziert bei AWMF online, AWMF-Register Nr. 013/044.

Im Folgenden werden unzutreffende oder zu diskutierende Inhalte zitiert (Zitat) und nachfolgend kritisch kommentiert (Stellungnahme).

1. Zitat: *Die Experten der Deutschen Dermatologischen Gesellschaft raten auf der diagnostischen Stufenleiter, unterschiedlich weit zu gehen.*

Stellungnahme: Die Konsensusgruppe besteht nur zum Teil aus Mitgliedern der Deutschen Dermatologischen Gesellschaft, der weit überwiegende Teil der Konsensusgruppe gehört zu anderen Fachrichtungen oder Institu-

Diagnostik

tionen. Die Mitglieder der Steuergruppe beziehungsweise der Konsensusgruppe werden in der Leitlinie namentlich genannt.

Eine Gleichstellung der Autoren der Leitlinie mit „Experten der Deutschen Dermatologischen Gesellschaft" wäre unkorrekt.

Eine Empfehlung, „auf der diagnostischen Stufenleiter unterschiedlich weit zu gehen" enthält die Leitlinie nicht.

Im Artikel der MT wird eine „diagnostische Stufenleiter" nicht erläutert.

2. **Zitat:** *Ohne antibiotische Therapie persistieren die Erreger nach akuter Infektion eventuell über Monate bis Jahre in der Haut. Es besteht die Gefahr sekundärer Organmanifestationen.*

Stellungnahme: Die Persistenz des Erregers im (ehemaligen) EM-Bereich (Erythema migrans = EM) wurde in verschiedenen Studien auch nach adäquater antibiotischer Behandlung festgestellt. Entscheidend ist jedoch, dass nicht die Haut gewissermaßen als Depot für den Krankheitserreger fungiert, aus dem zu einem späteren Zeitpunkt die Erreger austreten und sich über den Organismus verbreiten, mit der Folge von vorwiegend nicht dermalen Manifestationen im Spätstadium. Vielmehr kommt es bereits während des EM zur Ausbreitung des Erregers im gesamten Organismus, wie dies in verschiedenen Publikationen durch Erregernachweis im Blut nachgewiesen wurde. Auch sind die nicht dermalen Krankheitsmanifestationen nicht als „sekundäre Organmanifestationen" zu werten (also offensichtlich als Manifestationen des Spätstadiums), vielmehr kommen solche nicht dermalen Manifestationen bereits im Frühstadium, das heißt bei EM grosso modo, bei 50 Prozent der Patienten vor. Diese früh auftretenden nicht der-

Diagnostik

malen Manifestationen werden als Begleitsymptomatik des EM bezeichnet.

3. Zitat: *IgM Antikörper tauchen üblicherweise drei bis sechs Wochen nach Krankheitsbeginn auf, IgG Antikörper lassen sich dagegen Wochen bis Monate Zeit.*

Stellungnahme: Diese Formulierung ist in der Tat in den LL DDG enthalten. Die Formulierung ist jedoch missverständlich, da das Zeitintervall bei der Antikörperbildung sich auf den Infektionszeitpunkt und nicht den Krankheitsbeginn beziehen sollte. Wichtiger ist jedoch die Tatsache, dass Studien über die Entwicklung von Borrelien-Antikörpern in Abhängigkeit von der Infektionsdauer nicht vorliegen. Die Häufigkeit von Antikörpern bei EM reichen von 50 bis 80 Prozent, so dass in einem erheblichen Anteil im Frühstadium Antikörper überhaupt nicht nachweisbar sind (1).

4. Zitat *(Sinngemäß): Bei Fehlen von IgG Antikörpern kann die Acrodermatitis chronica atrophicans (ACA) ausgeschlossen werden. Zudem ist bei insgesamt negativem Antikörperbefund und längerer Krankheitsdauer die Lyme-Diagnose komplett vom Tisch.*

Stellungnahme: Diese Annahme stützt sich auf zwei Publikationen und zwar die von Wilske et al, 1993 und Hansen und Asbrink, 1989. Beide Publikationen sind methodologische Studien und waren nicht darauf ausgerichtet, die Häufigkeit pathologischer serologischer Befunde bei der Lyme-Borreliose im Spätstadium zu evaluieren. Die Arbeit von Hansen und Asbrink, 1989 untersuchte die Serologie bei Patienten mit ACA, jedoch nicht bei Lyme-Arthritis, während die Arbeit von Wilske et al, 1993 unter anderem 19 Patienten mit ACA und 24 Patienten mit Lyme-Arthritis

Diagnostik

betraf. In der Arbeit von Hansen und Asbrink, 1989 waren bei ACA IgG Antikörper in 100 Prozent der Fälle nachweisbar, während beim EM mit einer durchschnittlichen Dauer von 3,5 Wochen die Quote nur 33 Prozent betrug. Bei ACA betrug die Krankheitsdauer 0,5 – 20 Jahre. Die Arbeit belegt also, dass eine Lyme-Borreliose im Spätstadium über viele Jahre persistieren kann. Ob bei den ACA-Patienten sonstige Symptome eines Spätstadiums vorlagen, geht aus der Arbeit nicht hervor. Insbesondere ergibt sich aus der Arbeit auch nicht, dass bezüglich IgG Antikörpern die ACA mit einer Lyme-Borreliose im Spätstadium ohne ACA gleichgesetzt werden kann.

In der Arbeit von Wilske et al, 1993 wurden primär Patienten mit LB (Lyme Borreliose = LB) im Frühstadium (EM, Lyme Neuro-Borreliose Stadium II) einbezogen. Ergänzend wurden auch Patienten mit Lyme-Arthritis und ACA untersucht. Die Einschlusskriterien der Patienten mit LB im Stadium III sind in der Publikation nicht definiert.

Bei (praktisch) allen Patienten mit ACA und Lyme-Arthritis waren in den beiden Publikationen IgG Antikörper nachweisbar. Ein Immunoblot wurde jedoch nur in der Arbeit von Wilske et al, 1993 durchgeführt. Dabei zeigte sich, dass nur die Bande p100 in 100 Prozent der Fälle bei Lyme-Arthritis und ACA nachweisbar war. Andere Banden waren dagegen nur in einem geringen Teil (deutlich unter 50 Prozent) feststellbar.

Es ist bedenklich, auf der Basis dieser beiden methodologischen Arbeiten anzunehmen, dass IgG Antikörper im Spätstadium stets positiv sei, insbesondere da umfangreiche Literatur über Seronegativität bei Patienten im Spätstadium vorliegt und zwar in einer Größenordnung von etwa 50 Prozent.

Diagnostik

Entscheidend ist also, dass ein seronegativer Befund eine Lyme-Borreliose im Spätstadium nicht ausschließt und dass in den oben zitierten methodologischen Publikationen (nur) bei ACA beziehungsweise Lyme-Arthritis IgG AK nachweisbar waren.

5. Zitat: *Ein schmales Bandenspektrum mit Antikörper gegen „Frühphase-Antigene" spricht für eine Frühmanifestation (Erythema migrans, Fazialisparese). Ein breites Bandenspektrum mit Antikörper gegen Spätphase-Antigene begleitet späte Manifestationen (Arthritis, Neuropathie, ACA).*

Stellungnahme: Anhand der Serologie lässt sich zwischen Früh- und Spätphase nicht unterscheiden. Die Diagnose der LB im Spätstadium basiert auf folgenden Säulen: Anamnese, körperlicher Untersuchungsbefund, medizinisch-technische Befunde und die Differenzialdiagnose. Ein positiver serologischer Befund beweist lediglich die stattgehabte Infektion, macht jedoch grundsätzlich keine Aussage zu Existenz und Ausmaß der Krankheit (Lyme-Borreliose). Der serologische Befund trägt also zur Einschätzung der Krankheitssituation, insbesondere zur Unterscheidung zwischen Früh- und Spätphase nicht bei. Dass dieses wichtige Faktum in den LL DDG nicht erwähnt wird, stellt einen erheblichen Mangel dar.

6. Zitat: *Für den Erregernachweis ist die Anzüchtung in der Kultur Goldstandard.*

Stellungnahme: Die Sensitivität des Erregernachweises mittels Kultur ist sehr gering. Dies gilt insbesondere auch im Hinblick auf Blut, Urin, Liquor und Synovialflüssigkeit. Die Spezifität liegt deutlich unter 20 Prozent. Die Kultur gehört daher nicht zur Routinediagnostik und ist in problematischen Fällen wegen der geringen Spezifität wenig hilfreich;

Diagnostik

allerdings ist die (selten erfolgreiche) Anzüchtung von Borrelien in der Kultur von hoher diagnostischer Wertigkeit.

7. Zitat: *Der Erregernachweis mittels PCR (Polymerasekettenreaktion) ist zur Therapiekontrolle nicht geeignet. Monate nach erfolgreicher Therapie kann der Erreger unter Umständen (!) im betroffenen Hautareal nachgewiesen werden.*

Stellungnahme: Im Artikel wird nicht erläutert, was mit „erfolgreicher Therapie" gemeint ist.

In den LL DDG heißt es hierzu, dass der Erregernachweis mittels PCR ohne bestehende typische Krankheitsmanifestationen keine Relevanz hat.

In diesem Zusammenhang sei mit allem Nachdruck darauf hingewiesen, dass sich die Diagnose einer Lyme-Borreliose und deren Ausschluss nicht auf Laboruntersuchungen stützt (Serologie, Kultur, PCR), sondern grundsätzlich auf den Krankheitszustand, also auf die Krankheitsmanifestationen. Die Lyme-Borreliose ist keine Labordiagnose, sondern eine klinische Diagnose unter besonderer Beachtung der Differentialdiagnose.

8. Zitat: *Der Lymphozytentransformationstest wird „nicht empfohlen".*

Stellungnahme: Die kritische Beurteilung der diagnostischen Wertigkeit des Lymphozytentransformationstests (LTT) stützt sich auf eine angeblich zu geringe Spezifität. Tatsächlich liegt die Spezifität nach aktuellen Daten, ebenso wie die Sensivität, bei etwa 95 Prozent und damit in der Größenordnung der Serologie. Andere Gründe, den Lymphozytentransformationstest kritisch zu beurteilen, werden weder im Artikel noch in den LL DDG erwähnt.

Diagnostik

Aufgrund zahlreicher Publikationen, insbesondere bei Anwendung moderner Testverfahren ist die diagnostische Wertigkeit des LTT bei der Lyme-Borreliose nicht zu bestreiten.

In den LL DDG wird der Lymphozytentransformationstest bei LB als nicht abschließend evaluierte diagnostische Technik beschrieben. Diese Aussage ist unzutreffend und durch die vorliegende Literatur widerlegt. Erwähnt sei in diesem Zusammenhang, dass auch die serologische Untersuchung in ihrer diagnostischen Wertigkeit keinesfalls evaluiert ist. In den LL DDG wird die diagnostische Wertigkeit im Wesentlichen im Zusammenhang mit der Seronegativität bei der Lyme-Borreliose (insbesondere) des Spätstadiums diskutiert. Unbestritten ist jedoch die Tatsache, dass die Literatur zahlreiche Studien enthält, die bei der Lyme-Borreliose im Spätstadium Seronegativität belegen. Bei dem aktuellen Disput über die diagnostische Wertigkeit des LTT wird von den Befürwortern ins Feld geführt, dass es sich bei einem pathologischen LTT lediglich um ein weiteres Indiz (nicht Beweis) für eine bestehende Lyme-Borreliose handelt.

Literaturverzeichnis

1. W. Berghoff, Lyme-Borreliose, Berghoff Verlag 2016. ISBN 978-3-9817-7050-6

Therapie

Therapeutisches Schreiben

Dieser Text gehört in kein Buch. Niemand interessiert er. Niemand kann damit etwas anfangen. Nur ich, sagt mein Psychologe. Ich glaube ihm nicht. Aber ich lasse mich darauf ein, weil ich keine andere Chance sehe, von meinen Schmerzen loszukommen, ohne mich mit Schmerzmitteln betäuben zu müssen. Ich kann so nicht weiterleben. So kann ich nur noch sterben. Aber soweit bin ich noch nicht. Also ergreife ich diesen letzten Strohhalm, obwohl ich sicher bin, dass er mich nicht hält. Aber niemand soll sagen können, dass ich ihn verschmäht hätte.

Schreiben, sagt der Psychologe. Ich solle schreiben, schreiben, schreiben. Nicht irgendetwas, sondern das, was meine Seele am stärksten berührt, was mich vielleicht schon immer im Keller meiner Gefühle inhaftiert hat. Ich habe keine Leichen im Keller. Er glaubt mir nicht. Ich habe nie einem Menschen etwas Böses angetan. Glaube ich zumindest. Ich bin mir ziemlich sicher.

„Ein Blatt Papier und ein Kugelschreiber können Wunder bewirken", behauptet der brasilianische Schriftsteller Paulo Coelho. „Schreiben heilt Schmerzen, hält Träume fest, bringt verloren geglaubte Hoffnung zurück. Das Wort hat Macht. Das geschriebene Wort hat noch mehr Macht". Sagt Paulo Coelho, Autor des Bestsellers „Der Alchimist".

Ich erinnere mich an Briefe, die ich an jemanden schrieb, der mich verlassen hatte. Es waren lange, lange Briefe mit Tränen auf dem Papier, die ich am liebsten nass ankommend losgeschickt hätte. Ich betrachtete mein weinendes Gesicht im Spiegel als wäre da der, dem die Tränen galten. Diese Briefe schrien meine ganze Verletztheit heraus. Alles, was ich schrieb, waren die Beweise meiner Liebe. Wenn er

Therapie

dies nur aufmerksam Wort für Wort lesen könnte, käme er sicher zu mir zurück. Ich wählte meine Worte sorgfältiger, als ich es je ihm gegenüber getan hatte. Ich schrieb und schrieb, viele Seiten. Es rann aus mir heraus wie aus einem zerbrochenen Krug. Ich bin sicher, dass ich diese Briefe nie abgeschickt habe, diese vielen Seiten. Selbstmitleid.

Hatte das Schreiben geholfen, den Schmerz zu verwinden? War es danach besser? Ich habe es vergessen. Nach einer Zeit der stummen Traurigkeit, der trockenen Tränen, dem unendlichen Gefühl des Verlassen-Seins, ging das Leben weiter. Irgendwann. Irgendwie. Es kamen auch wieder gute Zeiten. Trotzdem. Das ist nicht zu vergleichen. Das Leben hatte sich geändert.

Ich leide an den Folgen einer Borreliose und nicht an Liebeskummer. Mein Liebesleben ist okay. Oder wenigstens bin ich verheiratet, habe zwei anständige Kinder, die ihr Leben meistern. Zugegeben, mein Mann ist etwas überdrüssig, dass ich nach 20 Jahren Borreliose noch immer nicht wieder die Alte bin. Genauer gesagt entwickelt er sich zum Kotzbrocken. Sorry, ich kann es nicht anders bezeichnen. Früher fuhr er mich zu allen Ärzten, wartete geduldig, bis ich wieder herauskam. Wir ließen nichts unversucht, was auch nur einen Funken Hoffnung in Aussicht stellte. Neuerdings verweigert er sich, wenn ich eine neue Chance sehe, damit es mir endlich besser geht. Dass ich das auch für ihn, für uns unternehme, mag er nicht mehr erkennen. Er fährt mich nicht mehr. Ich hätte alles ausgereizt, sagt er. Gibt er mir keine Chance mehr? Er hält mich für psychisch krank. Und er zeigt es mir. Von Liebe ist nichts mehr zu spüren. Auch nicht von Hilfsbereitschaft. Und auch meine Töchter halten mich inzwischen für nicht zurechnungsfähig. Ihre Ausflüchte kränken mich. Es ist, als hätten sie sich abgesprochen, mich von jeder Hoffnung auf eine Therapie

Therapie

abzuhalten, weil sie ja nur Geld kostet und nichts bringt. Auch ich zweifle, ob sich mein Leben wirklich noch einmal bessern könnte.

Wieder so ein Tag. Schon beim Aufstehen wirft mich Schwindel zurück ins Bett. Meine Füße brennen. Mein Gesicht feuert. Meine Kniegelenke sind wie Pudding. Mein Mann lacht. Er wirft die Schlafzimmertüre hinter sich zu und lässt mich einfach liegen. Das ist schlimmer als egal. Ich möchte sterben. Sofort. Auf der Stelle.

Schreiben. Kann man sein Unglück wirklich wegschreiben? Vielleicht sollte ich es doch versuchen. Auch wenn ich viele Jahre nicht mehr geschrieben habe als einen Einkaufszettel. Aber wovon soll ich schreiben? Von der Traurigkeit, dass mich mein Mann im Stich lässt? Wem hilft das? Mich macht es nur verletzter. Das kann doch keine Therapie sein, wenn ich meine elenden Gedanken niederschreibe. Was soll daraus besser werden? Nein.

Eine Woche später. Ein karierter Block liegt vor mir. Kein Wort steht darauf. „Schreiben sie über ein persönliches Erlebnis, das sie belastet", hatte der Psychologe aufgegeben. Vor dem Beginn soll ich 15 Minuten lang in meinen tiefsten Gefühlen und Gedanken spazieren gehen. Das Schreiben müsse nicht in ganzen Sätzen sein. Es dürfen auch Wortfetzen sein. Einzelne Worte. Es dürfe auch um schlimme Dinge gehen, orakelt der Psychologe. Er wolle es sowieso nicht lesen.

Erst will ich über meine Ehe schreiben und den für mich schlimmen Zustand der Gleichgültigkeit, die mich prügelt und mir die Luft zum Atmen nimmt. Doch die Gedanken fliegen. Ich erinnere mich an meine glückliche Kindheit. War sie glücklich? Doch. Ich denke ja. Unbeschwerte Ferientage bei meinen Großeltern. Heuernte. Forellenfangen

Therapie

mit den Nachbarsjungen. Löwenzahn sammeln für die Kaninchen. Ich denke an meine liebe kleine rundliche Oma, die mir zum Kirchgang ein paar Pfennige in die Hand drückte, damit ich etwas in den Klingelbeutel werfen konnte. Ich erinnere mich an die Eiskugel, die mir in den Dreck flog, als ich glücklich von Eiswagen zur Oma lief. Ich packte das Eis vom Boden, setzte es wieder auf die Waffel und leckte weiter. Wunderbar. Köstlich. Eis war damals eine seltene Sache. Es gab noch keine Eisdielen. Und wenn der Eiswagen kam – eine Karre auf drei Rädern – waren wir Kinder fasziniert.

Und dann schreibe ich vom Garten der Großeltern, wo im Sommer so viele Johannisbeeren reiften. Das Pflücken war mir als Kind schnell lästig. Opa brachte mir das Bruchrechnen bei. In der Gartenlaube. Er streichelte mein Gesicht. Ich fühle seine Finger zwischen meinen Oberschenkeln.

Wie ertappt lasse ich den Kugelschreiber fallen. Tränen strömen über mein Gesicht. Ich sitze starr. Ich bin das kleine Mädchen. Der Atem stockt mir. Ich rieche das Holz der Gartenlaube. Ich wage nicht zu atmen und schaue starr ins Gesicht meines Großvaters. Er lächelt mich an und zieht seine Hand zurück. Seine Stimme, die weiter die Bruchrechnungen erklärt, wird immer leiser. Die Gartenlaube weicht zurück. Ich sitze ganz alleine da und bin fassungslos. Das Bild vor über 50 Jahren gewinnt Realität. Ich fasse zwischen meine Beine und spüre die Hand des Großvaters. Ich sehe seine Augen. Seine Lippen werden schmal. Dann verschwindet sein Gesicht. Und ich sitze noch immer da, starr.

Ich werfe den Kugelschreiber von mir, als sei er ein giftiger Pfeil. Die Welt verwischt um mich. Ich will sie nicht sehen. Ich suche den Schleier des Vergessens. Ich weiß, dass dies

Therapie

keine Halluzination war. Ich taste mich zum Sofa und lasse mich fallen. Unter meinen geschlossenen Augen quellen die Tränen hervor. Es sind so viele, die ich lautlos weine. Sie laufen mir in beide Ohren. Ich fühle mich trotzdem nicht traurig. Der Druck weicht von meiner Brust. Etwas in mir zieht einen dicken Mantel aus und schleudert ihn auf den Boden.

Ich kann mit niemandem darüber reden. Aber ich werde es aufschreiben, in allen Einzelheiten. Nicht mit dem Computer. Mit der Hand. Ich werde mir viel Zeit und viel Papier nehmen, um nichts zu übersehen, was sich mir offenbart. Schreiben. Ja, ich fange sofort damit an.

Expressives Schreiben

James Pennebaker, ein Psychologe von der University of Texas, begründete in den achtziger Jahren eine neue Form der Therapie, die auch heute noch Gültigkeit besitzt und weit verbreitet ist: expressives Schreiben. Er testete seine Hypothese zunächst an 50 jungen, gesunden Studenten. Er forderte sie auf, 15 Minuten ihren tiefsten Gefühlen und Gedanken nachzugehen und dies aufzuschreiben. Angeblich hätten viele den Raum danach tränenüberströmt verlassen. Doch sie waren dadurch nicht abgeschreckt. Die meisten kamen am nächsten Tag wieder, um weiterzuschreiben. Im Gespräch offenbarten etliche, dass sie sich an schlimme Dinge wie einen Unfall, Missbrauch oder den Verlust eines geliebten Menschen zurückerinnert hätten. Den Studenten, die sich ihre aufwühlenden Erlebnisse von der Seele geschrieben hatten, schien es danach deutlich besser zu gehen. Sie erkrankten in den folgenden sechs Monaten seltener an Grippe oder Erkältung und wirkten einfach gesünder.

Therapie

Zahlreiche Studien verschiedener Wissenschaftler und mit größeren Versuchsgruppen bestätigten die These, dass expressives Schreiben als eine der am besten untersuchten Techniken zur Selbsthilfe und Selbstheilung gilt. Das Schreiben fördert die Aktivität des Immunsystems; es lindert depressive Stimmungen und wirkt vor allem dafür, dass sich der Erkrankte nicht als Opfer fühlt.

Intuitiv kennen Menschen die Heilkraft des Schreibens schon lange. Unendlich viele Tagebücher entstanden in Stunden und Wochen der Verzweiflung, der Einsamkeit und Hilflosigkeit. Das Tagebuch der Anne Frank ist wohl das berühmteste. Auch die Nobelpreisträgerin Herta Müller begann zu schreiben, als ihr Vater starb und der rumänische Geheimdienst sie schikanierte. Worte können ein Geländer sein, an dem sich ein Verzweifelter festklammert. Worte können Angst lindern, Erschrecken erträglich machen und die Intensität der Empfindung mildern.

Gefühle zu Papier bringen

Wie Pennebaker herausfand, vermag Schreiben aber noch mehr. In dem man mehrmals über das gleiche Thema schreibt, gewöhnt man sich an schlimme Erfahrungen. Eine Variante dabei ist, das Niedergeschriebene immer wieder umzuschreiben von der Ich-Form in die Form eines Erzählers oder in die Man-Form. Man gewinnt dadurch besser Einsichten, erkennt Zusammenhänge und ist in der Lage, die Perspektiven des Betrachters zu wechseln.

Die Wirkung auf den Körper als physiologischer Effekt, ist messbar. Auch wenn man beim Schreiben aufgewühlt ist, sinken nach einer Weile Puls, Blutdruck und die Konzentration des Stresshormons Cortisol. Die Psychoneuroimmunologie (Forschungsgebiet, das sich mit der Wechselwirkung der Psyche, des Nervensystems und des Immunsys-

Therapie

tems beschäftigt) belegt den Einfluss des therapeutischen Schreibens auf Parameter des Abwehrsystems und auf die Zahl der T-Helferzellen, auch Killerzellen genannt. Zudem scheint das Schreiben der Wundheilung und der Wirkung von Impfungen zu Gute zu kommen.

Tagebuch führen, kann Beschwerden lindern. Spezielle Studien befanden das bei rheumatischer Arthritis, bei Fibromyalgie, Krebs und bei Asthma. Sinnvoll sei es, auch positive Dinge des Alltags schriftlich festzuhalten, weil erfreuliche Beobachtungen und Erlebnisse das Glücksgefühl zurückbringen und steigern. Selbst leichte depressive Symptome können sich verflüchtigen. Es ist auch bekannt, dass therapeutisches Schreiben süchtig mache. Allerdings weder auf Alkohol noch Drogen und auch nicht Medikamente, sondern aufs Schreiben selbst. Im besten Fall wird dann ein Nobelpreisträger daraus, siehe Herta Müller.

Literatur: James Pennebaker, Heilung durch Schreiben. Ein Arbeitsbuch zur Selbsthilfe. Huber Verlag.

Antibiotika-Prophylaxe?

Fast 50 Patienten, die von einer Zecke gestochen wurden, müssten prophylaktisch mit einer Einmaldosis Antibiotika behandelt werden, um einen einzigen Fall von Lyme-Borreliose zu verhindern. Zu diesem Ergebnis kam eine US-amerikanische Studie der Infectious Diseases Society (IDSA). Ob sich das lohnt, darüber streiten Experten. Dieses Studienergebnis, das heute noch in den Medien zu finden ist, stammt allerdings aus dem Jahr 2006 und war an mehrere Kriterien gebunden: Es musste sich um eine erwachsene Zecke oder eine Nymphe gehandelt haben, die wenigstens 36 Stunden angesogen war und die Prophylaxe zahlenkonnte

Therapie

spätestens innerhalb von 72 Stunden nach Entfernen der Zecke beginnen. Gleichzeitig musste die lokale Durchseuchungsrate bei wenigstens 20 Prozent liegen. Und dies galt ausschließlich für den Erreger Borrelia burgdorferi. Dazu muss man wissen, dass in den USA der überwiegend Anteil der Erreger vom Typ burgdorferi ist, während in Europa burgdorferi nur als kleiner Anteil unter bis zu zehn verschiedenen Subtypen in Zecken gefunden wird.

Die Empfehlungen der International Lyme and Associated Diseases Society (ILADS) aus dem Jahr 2014 fällt radikaler aus. Deren Experten halten nichts von einer prophylaktischen Einzeldosis Doxycyclin, sondern empfehlen unabhängig von Zeckengröße, Saugdauer und der lokalen Durchseuchungsrate eine unverzügliche 20-tägige Prophylaxe mit 100 bis 200 mg Doxycyclin zwei Mal täglich.

Für Deutschland rät das Robert Koch-Institut von einer generellen Prophylaxe ab. Die IDSA-nahe Deutsche Dermatologische Gesellschaft empfiehlt keine Prophylaxe. Die Deutsche Borreliose-Gesellschaft erwähnt im Kapitel Prävention die Antibiotikaprophylaxe nicht.

Interessant könnte künftig die lokale Anwendung eines Azithromycin-Gels sein, das direkt nach dem Zeckenstich auf die Haut aufgetragen wird. Im Tierversuch konnte gezeigt werden, dass dadurch Borrelien in der Haut sicher abgetötet werden können. Die Studien mit Menschen laufen bereits, sind aber noch nicht abgeschlossen. Um die Beweisbarkeit des Gels dokumentieren zu können, dürften die Studienanwender noch keine Antikörperbildung aufweisen. Dadurch rekrutieren sich die Probandenzahlen auf wesentlich weniger, als gewünscht, weil sie – wenn auch ohne spürbare Borreliose – bereits Antikörper gebildet haben und so der Beweis für die Prophylaxe durch das Gel nicht geführt werden kann. Quelle: Springer/Medizin.de

Therapie

Stammzelltherapie nach Dr. Shroff

Von Petra Hopf-Seidel

Schon allein der Begriff „Stammzelltherapie" führt bei den meisten Menschen in Europa zu einer Abwehrhaltung, da man dabei gedanklich unterstellt, dass dafür immer Zellen aus Embryos gewonnen werden müssten und dies aus ethischen und christlichen Gründen als verwerflich angesehen wird. Tatsächlich aber ist es so, dass die meisten der heute therapeutisch verwendeten Stammzellen sogenannte adulte (auch postnatal* genannte) Zellen sind, die aus Geweben vom Spender selbst gewonnen werden wie zum Beispiel aus seinem Blut, Haut, Knochen, Zähnen, Nasenschleimhaut, Leber oder Gebärmutter, um nur einige zu nennen.

Diese werden dann bearbeitet (induziert oder reprogrammiert) und dem Spender zurück implantiert (sogenannte autologe Transplantation) oder einem anderen Patienten als sogenannte allogene* Transplantation verabreicht. Der Nachteil dieser Stammzelltherapie ist, dass die Zellen bereits spezialisiert sind, sich nur noch relativ langsam teilen und für fremde Empfänger meistens allergisierend (antigen) wirksam sind. Sie haben demnach nur ein begrenztes Einsatzgebiet.

Therapie

Daneben gibt es aber auch noch die sogenannten embryonalen (auch pränatal genannten) Stammzellen, die außerhalb der Europäischen Union (EU) aus einer Blastocyste, einer bereits im Uterus eingenisteten befruchteten Eizelle im 64. bis 128. Zellstadium, das heißt circa fünf bis sechs Tage nach Befruchtung gewonnen werden können. Sie sind pluripotent, das heißt, sie können sich in die verschiedensten Zellarten weiter differenzieren. Da dabei aber der Embryoblast/die Blastocyste meist zerstört wird, ist diese Methode in der EU gesetzlich verboten worden. Ein Patentantrag aus dem Jahre 1998 von Prof. Dr. Oliver Brüstle, einem deutschen Neuropathologen und Stammzellforscher, der die Gewinnung von Stammzellen aus Blastocyten ohne Zerstörung des jungen Embryos entwickelt hatte, wurde von Greenpeace im Jahre 2000 durch eine Klage vor dem Bundesgerichtshof (BGH) gestoppt. Daraufhin zogen sich die Gerichtsverfahren hin bis zu dem endgültigen Ablehnungsurteil des Europäischen Gerichtshofs (EuGH) in Luxemburg am 18.10. 2011, das generell jedes Patent als illegal einstufte, das zur Stammzellengewinnung die Zerstörung eines Embryos in Kauf nähme. Im Ausland (China, Ukraine und andere) gibt es sogar noch die Gewinnung von Stammzellen aus Föten, bei der die Stammzellen - also in einem noch sehr viel späteren Entwicklungsstadium - entnommen werden, was aber in der EU natürlich ebenfalls verboten ist. Um die ethischen Probleme zu

Therapie

umgehen und da die Zellteilungs- und Differenzierungspotenz der Zellen umso besser ist, je früher die Zellen nach der Befruchtung entnommen werden, wurde in Indien circa 1999 von Dr. Geeta Shroff eine sogenannte präblastomere Zell-Linie aus einer einzigen befruchteten Eizelle entwickelt. Diese war als dritte lebensfähige Zelle bei einer künstlichen Befruchtung entstanden und wurde von den Eltern für die Forschung zur Verfügung gestellt, während die anderen beiden befruchteten Eizellen zu gesunden heute 17-jährigen Zwillingsmädchen heranwuchsen. Der entscheidende Unterschied zu allen anderen Stammzellformen ist die Tatsache, dass die Zellen bereits am zweiten Tag nach der Befruchtung aus dem frühen Vier-Zellstadium, der sogenannten Morula, gewonnen werden konnten.

Anschließend gelang die Kultivierung und Vermehrung ohne irgendeinen Fremdstoff (ohne Verwendung von Bakterien, Viren, Konservierungsstoffen oder von Fremdeiweissen). Diese frühen Zellen sind noch omni (oder toti)-potent. Das bedeutet, dass aus diesen Zellen sich noch alle Gewebe und Flüssigkeiten des Körpers entwickeln können und dass sie eine unbegrenzte und schnelle Teilungsfähigkeit besitzen. Außerdem sind sie chromosomal stabil (was labortechnisch in all den Jahren seit 1999 immer wieder überprüft wurde) und (noch) nicht antigen wirksam, sodass die Empfänger nach der Zelltransplantation keinerlei Immunsuppressiva benötigen. Diese Methode der Zell-Kultivierung ist inzwischen weltweit (außer in Nordamerika und Europa) patentiert worden. Die Therapie damit wird humane präblastomere embryonale Stammzelltherapie (human preblastomeric embryonic stem cell (hpESC) therapy oder verkürzt oft auch nur hESC-therapy genannt. Seit dem Jahre 2002 sind die Stammzellen dieser Zelllinie von Dr. Geeta Shroff im klinischen Einsatz an der Nutech

Therapie

Mediworld Klinik in New Delhi. Bis zum Jahr 2014 wurden bereits mehr als 1300 Patienten mit unheilbaren, schwerwiegenden progredienten* oder degenerativen Erkrankungen erfolgreich behandelt. Ebenfalls behandelbar sind zum Beispiel Macula-Degeneration, Diabetes, Knorpelverlust von Gelenkflächen und vor allem auch Querschnittslähmungen nach Rückenmarks -Verletzungen. Aber auch schwere Erschöpfungszustände mit reduziertem Allgemeinzustand und kognitiven Beeinträchtigungen wie bei Chronic Fatigue Syndrom (CFS) oder bei chronischer Borreliose können deutlich gebessert werden.

Da ich als Fachärztin für Neurologie und Psychiatrie häufig chronisch kranke Patienten mit progredienten* Krankheiten wie Amyotrophe Lateralsklerose (ALS), Multiple Sklerose (MS) oder auch „nur" chronischer Borreliose betreue, habe ich mich zusammen mit einigen dieser schwer erkrankten Patienten nach gründlicher Vorinformation entschieden, eine hESC-Therapie in New Delhi zu versuchen, da für sie in Deutschland keine andere kausale Therapie mehr möglich war.

Nach der Genehmigung durch eine indische Ethikkommission, die für die Nutech Mediworld Klinik zuständig ist, habe ich die ersten vier Patienten 2012 nach New Delhi begleitet und dort die Therapie und die fast täglich bei den Patienten sichtbaren Fortschritte beobachten können. Insgesamt habe ich bisher zwölf Patienten zwischen 20 und 73 Jahren zur hESC-Therapie begleitet, einige bereits zwei Mal trotz der doch hohen Kosten von 40 000 US$ für einen acht-wöchigen Therapiezyklus (einschließlich Unterkunft und Verpflegung für Patient und eine Begleitperson). Die Diagnosen dieser Patienten waren sechs Mal Neuroborreliose mit Lähmungen und/oder CFS-Symptomatik, drei Mal ALS, zwei Mal MS und Borreliose mit Lähmungen so-

Therapie

wie ein Mal Maculadegeneration. Weiterhin drei Mal Kniegelenksarthritis (was eine Mitbehandlung leichterer Beschwerden darstellte bei Begleitpersonen der Patienten, für die normalerweise eine hESC-Therapie nicht erforderlich wäre). Zwei der zwölf Patienten hatten außerdem sehr starkes Untergewicht wegen gastrointestinaler Probleme auf Grund der Borreliose.

Die Stammzellen wurden nach einer subcutanen* (s.c.) Vortestung zur Überprüfung der Verträglichkeit während des gesamten Therapiezeitraumes täglich verabreicht. Je nach Krankheitsbild erfolgte die hESC-Applikation oral, intranasal*, intramuskulär (i.m.), intravenös (i.v.) oder intrathekal, das heißt in den Flüssigkeitsraum um das Rückenmark herum. Vor Beginn der Therapie und am Ende jedes Behandlungsabschnittes wird ein SPECT (Single Photon Emission Computed Tomography) des Gehirnes angefertigt, da sich die erzielten Veränderungen des Gesamtzustandes am Objektivsten an der Verbesserung der cerebralen Durchblutung und des Glucosestoffwechsels des Gehirnes erkennen und prozentual berechnen lassen. Denn viele neurologische Erkrankungen wie auch cerebrale Infektionen und Entzündungen gehen mit einer veränderten Durchblutung des Gehirnes einher.

Beispiele für den Therapieverlauf einiger meiner Patienten:

Ein heute 64-jähriger ALS-Patient, von Beruf Chirurg, erhält seinen ersten hESC-Therapiezyklus 10/13 im dritten Jahr seiner ALS-Erkrankung. Zu dieser Zeit konnte er wegen seiner Muskelschwäche nur noch gestützt und gebeugt laufen und hatte an den Extremitäten pausenlos starke

Therapie

pontane Faszikulationen* und Zuckungen. Seine behandelnden deutschen Ärzte gaben ihm zu diesem Zeitpunkt noch vier Monate. Bereits nach nur einer Woche hESC- Injektionen konnte er wieder frei und aufrecht laufen und hatte deutlich weniger Faszikulationen. Seitdem war er zu insgesamt vier Therapiezyklen in New Delhi und ist auch im sechsten Jahr seiner ALS-Erkrankung immer noch zu täglich vier Stunden Berufstätigkeit als MDK-Gutachter in der Lage, auch wenn er auf Grund der ständigen Progredienz seiner ALS- Erkrankung inzwischen auf einen Rollstuhl und nächtlichen Sauerstoff angewiesen ist.

Eine 24-jährige Patientin litt nach einem Spinnenbiss an spastischen Lähmungen beider Beine und einer schlaffen Lähmung, was sich erst viel später als Infektion mit Borrelien und Bartonellen herausstellte. Außerdem hatte sie kognitive Störungen, war emotional instabil und hatte wegen ausgeprägter gastrointestinaler Beschwerden auch sehr starkes Untergewicht. Die SPECT-Untersuchung vor Therapiebeginn zeigte große Areale mit erheblicher Minderdurchblutung, die bei den Kontroll-SPECTs nach den hESC-Therapien sich dann deutlich verbessert hatten.

Therapie

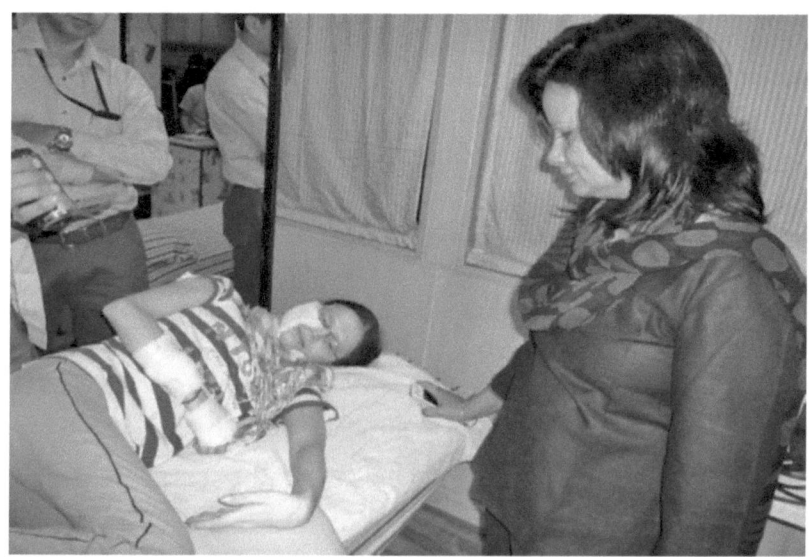

Klinisch normalisierten sich ihre kognitiven Fähigkeiten und ihre Stimmung und auch das Körpergewicht von anfangs nur 35 Kilogramm (Body-Mass-Index/BMI 14; normal für dieses Alter ist 19 bis 24) verbesserte sich auf 40 kg.

Die Beine blieben allerdings weiter spastisch gelähmt so wie schon die vergangenen zwölf Jahre seit der Doppel-Infektion mit intrazellulären Erregern. Die linke Hand zeigte unwillkürliche, teils spastische Bewegungen, während sie vorher völlig schlaff gelähmt war. Nach der zweiten hESC-Therapie wollte die Patientin aus persönlichen Gründen keine weitere mehr durchführen lassen, war aber mit dem für sie insgesamt Erreichten sehr zufrieden.

Therapie

Eine weitere ebenfalls stark untergewichtige (BMI 16,5) heute 23-jährige Patientin mit Neuroborreliose und dreimaligen Episoden eines Guillain-Barré-Syndroms mit Lähmungen aller Extremitäten, war so geschwächt, dass sie nicht mehr frei und gerade gehen konnte. Sie hatte starke kognitive Defizite, litt an Erschöpfung, Ödemen und ausgeprägten Verdauungsstörungen. Nach nur einer Woche der hESC-Therapie konnte sie wieder etwas springen und frei gehen. Sie hat nach zwei hESC-Therapien inzwischen 16 Kilogramm Körpergewicht zugenommen bei gleichzeitiger Normalisierung ihrer Verdauungstätigkeit. Sie konnte ihre kognitiven Fähigkeiten deutlich verbessern und fühlt sich gesund und voller Lebensfreude.

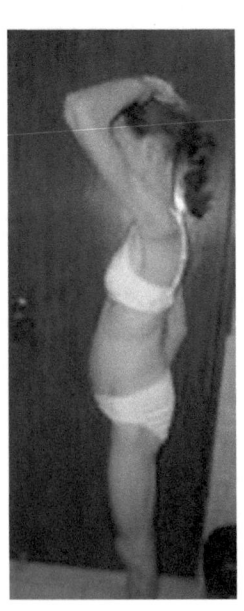

Alle meine Patienten profitierten mehr oder weniger von dieser effektiven und nebenwirkungsfreien neuen Therapieform, sie verloren einen Teil ihrer beeinträchtigenden Symptome und fühlen sich insgesamt deutlich besser als vor der hESC-Therapie. Bei den progredienten Erkrankungen, vor allem bei ALS, sind regelmäßige Auffrischungen der hESC-Therapie erforderlich, um die erreichten Verbesserungen zu erhalten oder noch weiter zu bessern.

Diese neue und in dieser Form einzigartige und patentgeschützte Stammzellentherapie von Dr. Shroff eröffnet ganz

Therapie

neue Möglichkeiten bei vielen schweren, progredienten und unheilbaren Erkrankungen wie zum Beispiel spastische Zerebralparese, Zustand nach Rückenmarksverletzung mit Querschnittslähmung, Schlaganfall, Sehstörungen verschiedenster Ursachen wie Maculadegeneration oder sogar corticale Blindheit, aber auch für viele andere Erkrankungen wie Diabetes, Morbus Parkinson oder angeborene Myopathien, um nur einige zu nennen. Das Spektrum der möglichen Anwendungen erweitert sich dabei ständig. Zu vielen Krankheitsbildern wurden von Dr. Geeta Shroff bereits wissenschaftliche Artikel mit Verlaufsbeobachtungen veröffentlicht. Als Fernziel hat Dr. Shroff den großen Traum, dass die hESC-Zellen in allen Apotheken der Welt verfügbar sind, da sie gekühlt transportiert werden könnten und bis zu sechs Monaten haltbar sind. Dass dieser Lebenstraum von Dr. Shroff in Erfüllung gehen möge, kann man sich nur wünschen für die vielen chronisch Kranken, die dadurch eine kausale Therapie ihrer Erkrankung erhalten könnten.

Dr. Petra Hopf-Seidel ist Fachärztin für Neurologie und Psychiatrie, Fachärztin für Allgemeinmedizin, Zusatzbezeichnung Chirotherapie

Glossar

Allogen: transplantiertes Gewebe, das nicht vom Empfänger stammt

Faszikulation: Unter der Haut sichtbare Muskelzuckung

Intranasal: durch die Nase

Postnatal: Das Neugeborene und die Mutter betreffend

Progredient: voranschreitend, sich stetig verschlechternd

Subcutan: unter die Haut

Forschung

Wie Infektionen ablaufen

Im kommenden Jahr eröffnen das Helmholtz-Zentrum für Infektionsforschung (HZI) und die Universität Würzburg ein neues Institut, das untersuchen will, wie Infektionen bei Krankheiten ablaufen. Der Schwerpunkt liegt auf sogenannten Ribonukleinsäuren (RNAs). Forscher sehen darin großes Potenzial für die Entwicklung neuer Medikamente.

RNA ist ähnlich wie die DNA ein aus Nukleotiden (Grundbaustein von Nukleinsäuren) bestehender Strang, der unter anderem für die Übertragung genetischer Informationen zuständig ist. „Die Bedeutung von RNA-Molekülen in Infektionsprozessen wurde bis vor Kurzem unterschätzt", argumentiert der designierte Gründungsdirektor Jörg Vogel gegenüber dem Deutschen Ärzteblatt. „Heute wissen wir, dass RNAs mit vielen Molekülen der Wirtszelle und der Krankheitserreger interagieren".

Infektionsforscher der Uni Würzburg genießen schon jetzt hohe internationale Anerkennung. Das ist wohl der Grund, warum sich Würzburg gegenüber zwei Dutzend anderer bewerbenden Städte durchsetzte. Mit dem neuen Helmholtz-Institut möchte sich die Stadt als internationales Zentrum der Infektionsforschung etablieren.

Reduzieren Antibiotika die Infektiosität der Borrelien?

Auf der Suche nach einer Erklärung für die sogenannte chronische Borreliose zitiert Walter Berghoff aus einer ziemlich neuen Übersichtsarbeit von Emir Hodzic aus dessen eigenen Studien, veröffentlicht in Bosn J Basic Med Sci 2015; 15(3):1-13.

Forschung

„Diese Publikation signalisiert möglicherweise einen Paradigmenwechsel. Es geht darin darum, dass bei einer antibiotischen Behandlung selbst bei Verwendung von Tigecyclin ein kleiner Teil des Bakteriums überlebt und sich im kollagenen Gewebe nachweisen lässt. Noch zwölf Monate nach einer antibiotischen Behandlung belegten Befunde Vitalität und Stoffwechselaktivität solcher persistierenden Borrelien. Im Mausmodell wurden diese Borrelien auf andere Mäuse übertragen, jedoch zeigte sich keine entzündliche Reaktion.

Ein möglicher Mechanismus für die reduzierte Infektiosität könnte ein Mangel von zwei unentdeckten Plasmiden sein (LP25 und LP28-1), die als Folge einer antibiotischen Behandlung verlustig gehen. Die Ergebnisse zeigten, dass sich Borrelien nach einer antibiotischen Behandlung genetisch von einer infektiösen Population unterscheiden. Sie sind Antibiotika-resistent oder –tolerant, aber nicht kultivierbar, jedoch vital und mit Stoffwechsel. Es könnte ein wissenschaftlicher Beweis sein, dass Borrelien trotz antibiotischer Behandlung überleben, weniger infektiös, aber dennoch nicht eliminiert sind. Abstract und Schlussfolgerung wurden den Mitwirkenden der S3-Leitlinie übersandt."

PD Dr.med. Walter Berghoff ist Facharzt für Innere Medizin, Ärztlicher Gutachter für Behandlungsfehler und Verfasser des 2016 erschienenen Lehrbuchs „Lyme-Borreliose".

Gesundheitspolitik

Borreliose-Patienten als Verschiebemasse
Eine gigantische Geldmaschine
Von Ute Fischer

„Wir Krankenkassen schummeln", bekannte Jens Baas, Vorstandsvorsitzender der Techniker Krankenkasse, Deutschlands größte gesetzliche Krankenversicherung, in der Frankfurter Allgemeinen Sonntagszeitung. Ob er jedoch schmunzelnd die ganze Wahrheit herausgelassen oder das Blatt mangels besseren Wissens das Interview nur stark verkürzt hat, werden wir nicht herausfinden. Die Aufklärung erfolgt hier. Baas führte demnach aus, dass Krankenkassen Ärzte motivieren, die gefundenen Diagnosen zu optimieren. Je mehr Diagnosen ein Arzt über die Kassenärztliche Vereinigung in Rechnung stelle, umso größer sei sein Anteil am Kuchen, den die Krankenkassen austeilen und dies zu Lasten der Steuerkasse und der Patienten. Das stimmt so nicht, Baas weiß das und hat es dem Reporter sicher auch erklärt. Und der hat wohl zu schnell weggehört und falsch interpretiert. Nicht die Fülle und Häufigkeit der Diagnosen bringen den Kassen und Ärzten mehr Geld, sondern ganz bestimmte Diagnosen. Lyme-Borreliose gehört nicht dazu; nur deren Fehldiagnosen.

Vor etwa acht Jahren wurde der sogenannte morbiditätsorientierte Risikostrukturausgleich (Morbi-RSA) erfunden. Offizieller Hintergrund war, dass einige Krankenkassen überwiegend gesunde junge Leute versicherten, die weniger Kosten erzeugten und andere überwiegend ältere, multimorbide Versicherte, die das Kostenniveau der Krankenkasse nach oben schraubten. Der sogenannte Gesundheitsfonds wurde eingerichtet. Er wird gespeist von den beitragspflichtigen Einnahmen der Krankenkassen und Steuermitteln. Die kommen vom Bürger. (2016 betrug der

Gesundheitspolitik

Bundeszuschuss 14 Milliarden Euro, ab 2017 wird er angehoben auf 14,5 Milliarden Euro)

Das Morbi-RSA-Missverständnis

Die Krankenkassen erhalten vom Gesundheitsfonds eine einheitliche Grundpauschale pro Versichertem plus alters-, geschlechts- und risikoadjustierte Zu- und Abschläge zur Deckung ihrer standardisierten Leistungsausgaben. Hierdurch wird die unterschiedliche Risikostruktur der Versicherten berücksichtigt. Krankenkassen mit älteren und kranken Versicherten erhalten dementsprechend mehr Finanzmittel als Krankenkassen mit einer Vielzahl an jungen und gesunden Versicherten. Darüber hinaus erhalten alle Krankenkassen weitere Zuweisungen zur Deckung der sonstigen standardisierten Ausgaben (zum Beispiel Verwaltungsausgaben, Satzungs- und Ermessensleistungen). Auf diese Weise wird sichergestellt, dass Krankenkassen nicht dadurch im Wettbewerb benachteiligt werden, dass sie viele chronisch Kranke oder Mitglieder mit niedrigem Einkommen und geringen Beitragszahlungen versichern.

Den Gesundheitsfonds finanzieren auch Borreliose-Patienten

Um einen Kostenausgleich zwischen den unterschiedlich von Arztkosten und Medikamenten belasteten Krankenkassen zu schaffen, ermittelt man jährlich die 80 häufigsten und kostenintensivsten Erkrankungen in Deutschland. Wer als Behandler Patienten mit einer Morbi-RSA-Krankheit betreut, erhält dafür einen Zuschuss aus dem staatlich gefüllten Gesundheitsfonds; und die Krankenkasse auch. In der Reihenfolge der lukrativen Achtzig finden sich die vier häufigsten Fehldiagnosen der Lyme-Borreliose: Demenz, Depression, Multiple Sklerose (MS) und Neuropathien, wozu höchstwahrscheinlich auch die neuste Fehldiagnose, die sogenannte Polyneuropathie, zählt. Allen diesen vier Diagnosen haftet an, dass sie aus medizinisch-wissenschaftlicher Sicht überhaupt keine Krankheiten sind, sondern Symptombeschreibungen unklarer Ursache. Im Grunde kann man viele Symptome in diese Pseudo-Krankheiten hineinpacken, die bei Lyme-Borreliose als unspezifisch bezeichnet werden. Lyme-Borreliose selbst, von der die Ursache bekannt und bewiesen ist, sucht man vergebens. Ihre Häufigkeit versteckt sich hinter diesen vier Fehldiagnosen. Außerdem ist bekannt, wie vehement Politiker und Pharmaindustrie die generelle Meldepflicht für Borreliose hintertreiben. Man könnte ja feststellen, dass sie sehr häufig sei? Das würde die Pfründe für die vier Fehldiagnosen schrumpfen lassen.

Zurück zum Interview mit der Techniker Krankenkasse. Dieser hier dargestellte gesundheitspolitische Hintergrund blieb darin völlig im Verborgenen. Trotzdem kam heraus, dass einzelne Krankenkassen Ärzte darum baten, ihre Diagnosen und die Codierung (ICD) etwas zu „optimieren". Wie das Handelsblatt berichtete, sollen nicht nur Ortskrankenkassen und die Techniker Krankenkasse durch Beratung oder sogar Verträge mit Ärzten Einfluss auf deren Diagnoseverhalten genommen haben, sondern auch DAK Gesundheit, Barmer GEK, KKH sowie eine größere Zahl von Betriebs- und Innungskrankenkassen. Die Einflussnahme erfolgte dem Bericht zu Folge vor allem über sogenannte Betreuungsstrukturverträge, die von den Kassen mit Ärzten abgeschlossen worden seien. Formal gehe es dabei um eine bessere Betreuung der Versicherten, so das Deutsche Ärzteblatt. Allerdings würden Ärzte Extrahonorare dann erhalten, wenn der Arzt in seinem Computer die Krankheit im Sinne der Kasse codiere. Beispiel: Aus chronischer Lyme-Borreliose wird Depression oder Polyneuro-

Gesundheitspolitik

pathie. Das Aufjaulen vieler Betroffenen kann man sich vorstellen, auch wenn sie jetzt wissen, warum das so geschieht.

Aus chronischer Lyme-Borreliose wird Depression

Je mehr ein Arzt Diagnosen aus der Liste der Achtzig stellt, umso mehr erhält er Zuschüsse aus dem Gesundheitsfonds und die Krankenkasse auch. Muss man dazu mehr sagen?

Wir sind immer so **selten**, wie es den Politikern in den Kram passt.

Selten werden wir beachtet

Selten interessieren sich die Medien für uns

Selten kennt sich ein Arzt mit Borreliose aus

Selten nimmt uns ein Politiker ernst

Selten werden wir richtig diagnostiziert und richtig behandelt

Selten wurde eine so häufige Krankheit so **selten** beachtet

Wenn 798.000 Neuerkrankungen/Jahr **selten** sein sollen was ist dann nicht **selten**?

Selten wird eine chronische Borreliose auf Kosten der GKV behandelt

Selten werden die grundlegenden Patientenrechte so missachtet wie bei der Borreliose

Selten wird Forschung so strikt verweigert wie bei Borreliose

Erkrankungszahlen der Lyme-Borreliose 2009 in Deutschland

Deutschland gesamt
798.400
(2008: 743.000)

Schleswig-Holstein 15.100
Mecklenburg-Vorpommern 13.200
Hamburg 9.500
Bremen 7.200
Niedersachsen 74.800
Berlin —
Brandenburg 67.300
Sachsen-Anhalt 27.500
Sachsen —
Nordrhein Westfalen 109.200
Hessen 63.600
Rheinland Pfalz 41.800
Saarland 11.200
Baden-Württemberg 123.300
Bayern 176.400

Basis: Diagnosen ICD-10: A69.2 der Technikerkrankenkasse für das Jahr 2009
Erkrankungszahlen hochgerechnet auf Gesamtbevölkerung

Selten sind Hunderttausende Erkrankungen zu **selten** um in der Orphanet Berichtsreihe (Nov. 2009) erwähnt zu werden

Selten wird erwähnt, dass wir gar nicht **selten** sind

Wir finden das sehr **seltsam**

Gefördert durch:

aufgrund eines Beschlusses des Deutschen Bundestages

Gesundheitspolitik

Wir Bürger, auch die stigmatisierten Borreliose-Patienten, finanzieren das alle mit.

Der in Sachsen und Thüringen tätigen AOK Plus sei es auf diese Weise gelungen, Mehreinnahmen allein bei Herz-Kreislauferkrankungen von bis zu 72,4 Millionen Euro pro Jahr zu erzielen, bei psychischen Erkrankungen (Nachtigall ik hör dir trapsen) von bis zu 110 Millionen Euro, berichtet das Handelsblatt. Herausgekommen sei das eher zufällig, aus der Doktorarbeit einer leitenden Mitarbeiterin der AOK Bayern.

Abschließend aber trotzdem nicht schlussendlich: Wäre Lyme-Borreliose in dieser Liste der Achtzig, entstünde mehr Interesse, diese Krankheit als das zu diagnostizieren, was sie ist und entsprechend zu behandeln. Der Weg dorthin führt über das wahre Ausmaß der Lyme-Borreliose in Deutschland. Wir waren schon einmal so weit, 2009, als sich die Borreliose-Diagnosen auf knapp 900.000 addierten. Ausschlaggebend war 2008 auch damals die Techniker Krankenkasse, die Presseverlautbarungen über hohe Diagnosezahlen bei Lyme-Borreliose in verschiedenen Bundesländern herausgab. Der Borreliose und FSME Bund Deutschland e.V. (BFBD) fragte daraufhin bei allen gesetzlichen Krankenkassen nach, wie viele Borreliose-Diagnosen bei ihnen aufgelaufen seien. Es entstand daraus ein Poster (Seite 61) mit den Zahlen je Bundesland und das Bundesministerium für Gesundheit (BMG) förderte auf Antrag sogar den Druck. Was auf dem Poster stand, hatte anscheinend keiner der Ministerbeamten gelesen geschweige denn verstanden.

Doch nach einem knappen Jahr – der BFBD hatte dem damaligen Bundespräsidenten Wulff unter anderem dieses Poster geschickt - forderte das BMG, dieses Poster einzustampfen und nicht weiter zu verteilen. Man drohte juristi-

Gesundheitspolitik

sche Konsequenzen an, wenn dieser Forderung nicht unverzüglich Folge geleistet werde. Aus heutiger Sicht ist das nun alles zu verstehen. Die großen gesetzlichen Krankenkassen, die mit ihren Diagnosezahlen zum Gelingen des Posters und der Hochrechnung beigetragen hatten, begriffen sicher, dass sie sich ins eigene Fleisch schneiden würden. Sie verweigerten im Jahr darauf und bis heute die Herausgabe der Diagnosezahlen. Es geht noch weiter: Die DAK finanzierte nun unter Federführung von Klaus-Peter Hunfeld, Ärztlicher Direktor des Krankenhauses Nordwest, eine Studie über die angebliche Überversorgung von Borreliosepatienten und da waren es plötzlich „nur" noch 240.000 Borreliose-Diagnosen jährlich. Immerhin noch mehr als doppelt so viel, als das Robert Koch-Institut seit 20 Jahren glauben macht. Aber auf alle Fälle viel zu wenig, um in die Liste der 80 RSA-Krankheiten zu kommen. Damit konnte das Spiel mit den Diagnose-Upgrades weiterlaufen.

Borreliose kleinrechnen

Hunfeld ist übrigens auch stellvertretender Vorsitzender in der Gesellschaft zur Förderung der Qualitätssicherung in medizinischen Laboren (INSTAND) und Delegierter für die Arbeitsgemeinschaft Wissenschaftlich-Medizinischer Fachgesellschaften (AWMF), das ist die Institution, die die Leitlinien zur Diagnostik und Behandlung von Krankheiten

Gesundheitspolitik

herausgibt, an der sich Gutachter orientieren. INSTAND wiederum ist neben der Deutschen Dermatologischen Gesellschaft der zweite Geldgeber für die Erstellung der Leitlinie „Kutane Manifestationen der Lyme-Borreliose".

Lyme-Borreliose blieb also Dank Hunfelds sicher nicht ehrenamtlich erstellten Analyse eine seltene Krankheit. Das Robert Koch-Institut (RKI) beharrt trotzdem weiterhin auf 60.000 bis 100.000 Borreliose pro Jahr. Medien übernehmen diese Zahl jedes Jahr unkritisch als aktuellen Istzustand.

Hinzu kommen in einigen Bundesländern mit Meldepflicht,  wie zum Beispiel Bayern, künstlich aufgepeppte zeitaufwändige Meldekriterien, so dass es einem Arzt nicht zu verargen ist, wenn er sich lieber eine Diagnose einfallen lässt, die Symptome nur beschreibt, anstatt die Ursache zu benennen. Im Jahr der Meldepflichteinführung zählte Bayern 6.000 Borreliosen. Ein Jahr später war es nur noch die Hälfte. Wie kommt das? Während in anderen Bundesländern die Meldungen bei den Gesundheitsämtern eingehen, landen die Bayerischen bei Volker Fingerle, Leiter des nationalen Referenzzentrums Borrelien. Seine Zahlen werden nur stark verzögert über das RKI veröffentlicht; sie werden vorher von seinem Institut „überprüft" (O-Ton). Den Rest kann man sich denken.

Nicht übersehen darf man, dass die Pharmaindustrie überhaupt kein Interesse an Medikamenten hat, deren Patentschutz ausgelaufen ist, wie zum Beispiel bei den meisten Antibiotika, die zur Borreliose-Behandlung indiziert sind. Interessant für jene Konzerne sind die Medikamente für

Gesundheitspolitik

MS-Kranke, Depressive, Demente und solche gegen Nervenschmerzen, die zu den sogenannten Blockbustern zählen; Medikamente, die jährlich einen Umsatz von mehr als einer Milliarde US-Dollar erzielen. Zur Erreichung dieser Ziele erhielt zum Beispiel die Deutsche Gesellschaft für Neurologie (Geldgeber und Federführung der Leitlinie Neuro-Lyme-Borreliose) für ihren Jahreskongress 2,2 Millionen Euro Fördermittel von Pharmaunternehmen, die MS-Medikamente und Antidepressiva herstellen. Dank Gesundheitsfonds können das die Krankenkassen stemmen, ob wir Patienten diese Dinger schlucken oder wegwerfen.

Borreliose-Explosion in der Schweiz

Mit 12.000 Lyme-Borreliose-Erkrankungen bis September stellte das Schweizer Bundesamt für Gesundheit den bisher höchsten Stand seit Aufschreibung im Jahr 2008 fest und damit sogar eine Verdoppelung seit letztem Jahr. Diese Zahlen  beruhen auf dem sogenannten Sentinella-System, bei dem ein vorher festgelegtes Ärzte-Potenzial Meldungen abgibt, die dann auf das ganze Land hochgerechnet werden. Auch Volker Fingerle, Leiter des Nationalen Kompetenzzentrums Borelien, hatte den Aufbau eines vergleichbaren Meldesystems angekündigt. Merkwürdigerweise haben sich nach dieser Zählart die Meldezahlen für Borreliose in Bayern geradezu halbiert. Das lässt die Vermutung zu, dass die bayerischen Zecken über die Schweizer Grenze ausgewandert sind.

Arzt und Patient

Warum haben wir solch eine Medizin?
Ein Diskurs um Leib, Seele und Geist
von Günther Binnewies

Die Erfolge der Wissenschaften sind nicht von ungefähr. Wie es aber dazu kam und welche Folgen uns heute welche Probleme bereiten, bedarf eines kleinen geschichtlichen Überblicks.

Die „Dreiheit" des Menschen – seit uralten Zeiten anerkannt (!) als Körper, Seele, Geist wurde mit dem vierten Laterankonzil (1231 bis 1215) als ketzerisch verworfen. Seitdem ist dogmatisch festgelegt, dass es nur eine Dichotomie (Zweiheit) zu geben hat. Damit haben wir den Leib-Seele-Dualismus" (dual = zwei) erhalten und somit auch das Leib-Seele-Problem, welches damit aber unlösbar (geworden) ist.

René Descartes' (Französischer Mathematiker und Philosoph, 1596-1650) Versuch ist bedeutend, ein solides erkenntnistheoretisches Fundament für die mathematisch bestimmte Naturwissenschaft zu schaffen, die ab dem 17. Jahrhundert mit Gestalten wie Galilei, Kepler und Newton ihren unvergleichlichen Siegeszug antrat. Quelle: Wikipedia.

Mit der Verwerfung der Dreiheit haben Medizin und Psychologie ein enormes Problem. Rudolf Virchow (1821-1902) verkündete stolz, „Ich habe so viele Leichen seziert und nie eine Seele gefunden". *Die* Seele dann aber als Synonym für *Psyche* zu verwenden, ist Irreführung. Außerdem

Arzt und Patient

ist *Psyche* nicht definiert! – Das „autistisch undisziplinierte Denken in der Medizin", wurde schon von Paul Eugen Bleuler, Direktor am Burghölzli und ordentlicher Professor für Psychiatrie an der Universität Zürich, 1919 beschrieben.

Der Leib macht keine Seele. Auch Bewusstsein ist eine eigene, von Materie unabhängige Realität, genauso wie Licht eine von Schatten unabhängige Realität ist. Licht macht keine Schatten. Leben ist keine Verbindung von *Seele* und *Leib* – so dass, wenn der Leib nicht mehr existiert, auch die Seele tot wäre. Kirche und Wissenschaft haben den Leib an die Seele gekoppelt; so kann behauptet werden: Die Seele stirbt mit dem Leib und die Organe des Menschen seien frei verfügbar.

Der *Leib-Seele-Dualismus* besagt aber, dass Leib und Seele in Verbindung stehen und dass die Seele unabhängig gedacht werden muss. Damit kann die Seele den Tod überdauern. Mit der Betrachtung des Leib-Seele-Problems als Dualität statt als Polarität ist die Lösung des Problems verbaut, der Weg versperrt, das Weltbild zurecht-zu-rücken, beziehungsweise ein einheitliches Menschenbild für die Medizin zu schaffen. Dualität(-smus) und Polarität werden gleichgesetzt – sind aber nicht gleichwertig!

Dualismus lässt keine dritte Komponente zu. Damit ist der Geist, als (dritter) wesentlicher Lebensfaktor des Menschen, „überflüssig" geworden. Dies ermöglicht aber den Neurowissenschaften, den *Freien Willen* in Frage zu stellen – als chemische Reaktion zu deklarieren –, um ihn möglichst bald abzuschaffen.

Gene sind Lebens-Bausteine, aber kein Leben. Menschliches Leben ist ohne *Geist* nicht möglich. Naturwissenschaft und Medizin sind einzig materiell geprägt, also ausschließlich vier Dimensionen, die wir kennen und nicht zwölf, die

Arzt und Patient

es gibt. *Geist* ist materiell nicht erklärbar, kann also kein Wissenschaftsattribut sein. Die Wissenschaften brauchen kein Weltbild und die Medizin verweigert sich einem Menschenbild. Das „Mensch-Maschine-Modell" und der „Psychische Apparat" wurden von *Experten* erfunden und eingeführt. „Ganzheit"-liche Medizin (- Behandlung) kann also nur von der Fußsohle bis zur Haarspitze, von der Geburt bis zum Tod erfolgen.

Jegliche Institutionen sind darauf ausgerichtet, Macht auszuüben. „Europäische Neoreligiöse sehen in der Unterwerfung eine Heilung der Gesellschaft." (Zitat: Necla Kelek, Die Welt 27.09.2016.)

Die Kirche als Steigbügelhalter der Wissenschaften sieht heute den Ausweg darin, in die Politik zu flüchten, anstatt Spiritualität (Spirit = Geist) zu bieten. In der Medizin heißt dies Compliance: Der Patient muss das tun, was der Arzt sagt. Man gesteht ihm zwar „Eigenverantwortung" (§ 1 SGB V) zu, hält auch „Partizipative Entscheidungsfindung" (PEF) und „Gemeinsam Klug Entscheiden" (GKE) der AWMF „hoch" – um nur wenige Begriffe zu nennen – lässt aber das „Gemeinsam" dann schnell wieder verschwinden (siehe Deutsche Gesellschaft für Innere Medizin/ DGIM).

„Der Patient ist Mittelpunkt", manifestierte der Kabarettist und Zeitkritiker Dieter Hildebrandt, „der Mensch ist ein transzendentes Subjekt, wird aber zum materiellen Objekt des Systems Gesundheitsmarkt".

Aus all diesen Gründen machen beispielsweise die Patientenverfügungen größte Schwierigkeiten.
a) Sie richtig zu verstehen (die Menschenbilder -Arzt / Patient- sind zu verschieden), und/oder Empfehlung:

Arzt und Patient

b) wenn ökonomische Gründe vor*herrschen* – sie (Verfügung) auch ohne weiteres „fallen zu lassen".

Keine Patientenverfügung zu haben bedeutet aber: „Sterben ist in Deutschland schwerer geworden." Quelle: Die Welt 24.09.2016

Die persönliche System-Abhängigkeit jedes Einzelnen nimmt nie gekannte Ausmaße an. Wir fördern das *System* mit unseren Beiträgen und tragen unsere Haut selbst zu Markte. Der Patient ist zum Gut (für Ärzte) geworden (Sie nennen uns tatsächlich Patientengut), *Gesundheit* ist ein Gut, worauf man (der Patient) meint, ein An-Recht zu haben (Quelle: *Gerechte Gesundheit*). Die Qualität nimmt mit steigender Expertise nicht zu – im Gegenteil: Weil eine persönliche Auseinandersetzung mit dem eigenen Weltbild meist nicht gegeben ist, haben Medizin und Psychologie leichtes Spiel, uns jede Diagnose „schmackhaft" machen zu können, es braucht nur einen komplizierten, meist nichtssagenden Namen, beispielsweise Polyneuropathie. Es kann Rheuma sein, es kann Lyme-Borreliose sein, es können andere Infektionen sein, es kann, es kann. Ein Syndrom kennt keine Ursache. Ein Syndrom beschreibt nur vage, was dem Menschen wehtut.

Chronische Krankheiten nehmen deshalb ständig zu – die *Fortschritte der Medizin* dagegen ab. Krankheitserfinder (Disease Mongering) verüben den Rest.

Vorsicht Patienten: Diagnosen gefährden die Gesundheit!

Arzt und Patient

Psoriasis, Borreliose oder?
Eine mögliche Fiktion von Ute Fischer

Mehr als fünf Jahre rätselte ich an einem seltenen Symptom. An meiner Fußsohle bildeten sich kleine weiße Pünktchen mit roten Rändern, die zwar nicht schmerzten, aber doch spürbar waren. Das erste Mal fielen sie dem Orthopädischen Schuhmacher auf, als der neue Einlegesohlen machen sollte. Auf dem Abtastgerät waren die Stellen deutlich zu sehen. Ich beobachtete sie täglich mit einem Handspiegel. Nach ein paar Tagen trockneten sie ein, wurden braun und ließen sich nach etwa einer Woche abzupfen oder sie lösten sich beim Duschen. Darunter erschien ganz normale Haut. Weil sich dieser Vorgang ständig wiederholte, ging ich zum Hautarzt. Er untersuchte die Stelle mit einer Lupe und befragte ein Lehrbuch mit Abbildungen von Hautläsionen. Psoriasis pustulosa, konstatierte er ziemlich sicher, wenngleich es auch für ihn rätselhaft war, dass diese Hauterscheinungen nur an der linken Fußsohle und an keiner weiteren Stelle des Körpers auftauchten.

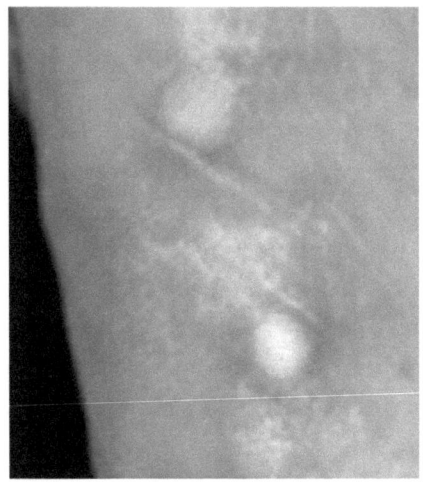

*Psoriasis = Schuppenflechte, pustulosa = pünktchenförmig

Er verschrieb eine Salbe. Die Erscheinungen verschwanden aber nicht. Kaum waren fünf Stellen am Abheilen, meldeten sich die nächsten dazwischen. Auch der nächste Haut-

Arzt und Patient

arzt schüttelte den Kopf und übernahm die Diagnose. Eine Salbe mit Magnesium wurde verschrieben und eine Kortisonsalbe. Trotzdem blieb alles beim Alten. Die Flecken vergrößerten sich nun auf bis zu einem Zentimeter Durchmesser. Wenn mehrere Flecken nah beieinander lagen, flossen sie auch zusammen. Dann wurden sie dicker und sahen aus wie Eiterblasen.

Ich ließ nichts unversucht, um Ärzte um ihre Meinung zu bitten. Im Internet war nichts zu finden. Die Diagnose blieb. Inzwischen hatte ich zwei Labore ausfindig gemacht, die für besondere Histologie und Erfahrung mit Borreliose bekannt waren. In der städtischen Hautklinik ließ ich eine Biopsie entnehmen, sie in drei Teile teilen und außer dem hauseigenen Labor an die zwei Labore schicken. Die drei Ergebnisse waren niederschmetternd: alle drei befanden Psoriasis pustulosa. Das Präparat: absolut steril. Keine Bakterien. Keine Viren. Keine Pilze. Nichts.

Ich gewann das Interesse einer Zeitschrift für einen Abdruck der lädierten Fußsohle. Inzwischen zogen sich die Läsionen zusätzlich am Außenrist nach oben. Zum Joggen musste ich diese Stellen mit Pflaster schützen, denn als eine Beule einmal aufscheuerte, floss erst weiße Flüssigkeit heraus und dann Blut. Es entstand eine offene Wunde, die erst nach zwei Tagen zuheilte.

Ein Immunologe entdeckte die Fotos und versprach Hoffnung. Er hielt die Erscheinungen für die Folge eines zu engen Spinalkanals. Eine MRT musste her. Sie bestätigte seine Vermutungen. Der Radiologe war nicht besonders überzeugt. Ich verließ die Praxis mit zwei eng beschriebenen Rezepten. Neben einer Kortisonsalbe musste der Apotheker eine spezielle Salbe herstellen, in die sogar noch ein Wirkstoff gesprüht wurde. Als ich zwei Wochen später am Flughafen wegen Sprengstoffalarm abgesondert wurde, hat-

Arzt und Patient

te ich keinen Verdacht, weshalb. Aus heutiger Sicht scheint es an jener Salbe gelegen haben. Des Weiteren hatte ich ein Rezept für ein Herpes-Medikament erhalten. Zusätzlich sollte ich die Stelle am Kreuzbein, auf Position des Spinalkanals drei Mal pro Tag mit einer stark wärmenden Salbe einreiben. Doch ein Erfolg stellte sich in den nächsten Wochen auch nicht ein.

Dann kam ich auf die Idee mit heißen Fußbädern. Tatsächlich trockneten die weißen Stellen schneller ein und versiegten. Aber nur für eine Woche. Dann waren Fußsohle und Außenrist wieder überzogen mit dicken Eiterbeulen. Der Immunologe riet nun zu einer Antibiose wegen der bekannten Borreliose, selbst obwohl ich keinerlei Borreliose-Beschwerden hatte. Tapfer schluckte ich vier Wochen. Es änderte sich nichts.

Rückblick: Ich erinnerte mich, dass ich mir etwa ein halbes Jahr vor den ersten Läsionen die linke Fußsohle an einem kalten Wintertag in feinen Pumps regelrecht erfroren hatte. An den Schmerz konnte ich mich jetzt noch erinnern. Etwa fünf Wochen später bildete sich im Zentrum der Fußsohle ein dicker großer Grind in der Größe eines Hühnereis. Mit Eincremen und Duschen schieferte der Grind auf und ließ sich abpopeln. Darunter war rosa Haut.

Nach diesem Bericht empfahl der Immunologe, die Wärmecreme nun auch auf die Fußsohlen einzumassieren. Die Idee war, dass sich durch die Erfrierung Kapillare verschlossen hatten und nun neue Wege suchten. Aber außer, dass die Fußsohle von Zeit zu Zeit komplett abheilte und dann nach einigen Tagen wieder massiv „erblühte", änderte sich gar nichts.

Ich resignierte und machte gar nichts mehr. Ich cremte die Füße - im Gegensatz zu früher –nun regelmäßig mit einer

Arzt und Patient

Fußcreme ein und begutachtete abends und morgens mehr amüsiert als verärgert die Bläschenlandschaft mit einem Handspiegel. Mein Mann schaute stets sehr besorgt. Und immer, wenn ich dachte, nun sei gerade alles abgeheilt, fand er winzige Anfänge.

Dann kam ich doch noch auf eine Idee. Erstmals nahm ich Kontakt mit der Psoriasis-Selbsthilfe auf. Ich hatte die Hoffnung, Gleichbetroffene zu finden und damit eine mögliche Ursache. Tatsächlich gab es in meiner Nähe eine Selbsthilfegruppe und ich telefonierte sogleich. Die Beraterin machte mir jedoch wenig Hoffnung auf Heilung. Psoriasis sei eine Überreaktion des Immunsystems. Das ging entweder von alleine weg oder nie. Aber sie gab die Adresse eines auf Psoriasis spezialisierten Hautarztes in der Nähe. Obwohl ich an einem Freitagmittag anrief und gefasst war, einen Termin in drei, vier Wochen zu erhalten, erhielt ich den bereits am folgenden Dienstag. Da sei ein Termin ausgefallen, sagte man mir. Da wusste das Praxismanagement aber schon, dass ich privat versichert war. Nun gut.

Ich kopierte alle bisherigen Befunde, auch die Beipackzettel der Medikamente und Salben. Auch ein Therapie-Tagebuch existierte. Und dann druckte ich noch Fotos aus verschiedenen Phasen aus.

Der Arzt, bereits jenseits der 65, schaute auf die Fotos und sagte: Das ist keine Psoriasis. Dann ließ er sich den Fuß zeigen und wiederholte: Das ist keine Psoriasis. Oder haben Sie Ähnliches an anderen Stellen? Nein. Aber was ist es? Ich zeigte ihm die Histologiebefunde. Er: dachte ich mir doch: steril. Seine Erklärung: Das ist das Auslassventil für eine Allergie, die der Körper gegen eine bakterielle Infektion bildet; habe ich schon oft gesehen. Frage: Ich habe eine langjährige Borreliose. Kann es das sein? Er: Nein, mit Borreliose habe das nichts zu tun. Vielleicht ein Herd unter einem Zahn?

Kann man das behandeln? Ja, könne man, aber niemand könne garantieren, dass diese allergenen Flüssigkeiten dann nicht woanders herauskommen. Womöglich im Gesicht? Oder an sonst sichtbarer, noch mehr störender Stelle? Die Fußsohle sei dafür vermutlich der ideale Platz. Tröstet mich das?

Prolog: Die Idee geht mir nicht mehr aus dem Kopf, dass sich mein Immunsystem auf diese Weise gegen Borrelien wehrt. Ich habe zehn Jahre keine Beschwerden mehr mit Borreliose gehabt und schob das immer auf mein trainiertes Immunsystem. Mir ist keine andere Infektion bekannt.

Wenn ich seit fünf Jahren einen bakteriellen Herd unter einem Zahn hätte, wäre das früher oder später mit Zahnschmerzen zu Fühlen gewesen. Ich bin sicher, dass dies eine Art Auslassventil ist, um Substanzen zu entfernen, die durch eine Allergie auf Borrelien entstehen. Zumindest ist es eine gute Geschichte, um sich nicht mehr als nötig aufzuregen und weiter zu grübeln. Damit kann ich leben. Auf der Rechnung stand als Diagnose: Andrews-Bakterid. Aber auch das ist eine Diagnose, die noch auf vielen Vermutungen mit Viren und Bakterien basiert. Angeblich werde darüber geforscht. Ob ich das noch erlebe?

Zur Arztsituation 2016
Von Ute Fischer

Hat sich etwas gebessert? Es sieht nicht so aus. Mit der Auflösung einiger Selbsthilfegruppen in diesem Jahr vertrocknet diese Quelle an regionalen Insider-Informationen. Ab und zu taucht ein neuer Name auf, der dann wiederum

Arzt und Patient

sorgsam gehandelt werden muss, damit diese und jene Praxis nicht unverzüglich von einer Patientenwelle überschwappt und damit demotiviert wird. Ja, es gibt noch Ärzte, die ihre Kassenzulassung nicht abgeben, um Borreliose-Patienten so behandeln zu können, wie es ihre Ethik befiehlt. Ihnen können wir nicht genug danken. Und es gibt neue Ärzte, die schon mehr über Borreliose gehört haben und sich fortbilden, wenngleich Ärztefortbildung für Borreliose meist dahinaus läuft, dass die Veranstalter anregen, eher in Richtung Depression oder MS zu gehen. Siehe dazu auch Seite 60.

Zu den Hilferufen über die Telefon-Hotline des BFBD eröffnete sich für Patienten in der Homepage der Patientenorganisation eine zusätzliche Möglichkeit, Fragen nach kompetenten Ärzten loszuwerden. Rund 20 solcher Bitten um Rat laufen pro Woche ein. Ihnen allen gemein ist, dass darin Borreliose als ausschließliche Labor-Diagnose akzeptiert wurde, vom Arzt wie vom Patienten. Das ist schlimm und nicht verwunderlich, wenn man weiß, dass zum Beispiel die Ärztekammer Bremen die letzten acht Jahre keine einzige Borreliose-Fortbildung für ihre Ärzte anbot oder dass die Deutsche Gesellschaft für Neurologie mit 2,2 Millionen Euro alleine für deren Jahreskongress 2016 unterstützt wurde. Und darin sind keinesfalls nur Hallenmiete und Plakate enthalten, sondern vordergründig die Referenten-Honorare der Fortbildungsveranstaltungen.

Doch damit nicht genug. Wieder erfolgte eine Attacke auf die Ärzteschaft; dieses Mal initiiert aus Dänemark, was nichts mit Dänemark zu tun hat, sondern damit, dass es eines der Länder ist, in denen Borreliose unter den Teppich gekehrt wird und die Patienten deshalb nach Deutschland reisen, um sich behandeln zu lassen. Mit schauspielernden angeblichen Borreliosepatienten und versteckten Kameras sollte offenbart werden, dass eine Borreliose diagnostiziert worden sei, die gar keine gewesen sein soll. Man möchte den Initiatoren selbst ein Borreliose an den Hals wünschen, mit der sie dann in Dänemark selbst klar kommen müssten. Hauptangriffsziel waren verschiedene Ärzte und unter anderem das Borreliose Centrum Augsburg, das gerade sein zehnjähriges Bestehen beging. Es musste in dieser Zeit schon etliche Attacken überstehen und geht trotzdem unbeirrbar seinen Weg weiter mit einer eigenen Forschungsabteilung, der Kartierung eines schwäbischen Zeckenatlas und internationalen Beziehungen zu Borreliose-Wissenschaftlern. Auch Armin Schwarzbach (ArminLabs) wird international eingeladen, um über die Fallstricke der Diagnostik, über Co-Infektionen und praktikable Lösungen zu berichten, um behandlungsbedürftigen Patienten zu helfen.

Gut zu wissen: Im Vergleich mit Europa, USA und Australien steht Deutschland mit seiner Ärztesituation ganz vorne, wenngleich es im Land selbst noch viel zu verbessern gilt.

Was Ärzte von Schamanen lernen könnten
Zitate von Eckart von Hirschhausen
Aus einem Interview mit der ZEIT.

Das Feld der sprechenden und zuhörenden Medizin müssen viele Ärzte den Heilpraktikern und Alternativmedizinern überlassen. Die haben einen großen Zulauf. Darüber kann man die Nase rümpfen, oder man kann sich fragen, was da schiefläuft.

Das Medizinsystem hat sich in einem Ausmaß von den Bedürfnissen der Patienten entfernt, wie es vor 30 Jahren noch unvorstellbar war. Durch finanzielle Anreize wird viel zu viel geröntgt, statt mit den eigenen Sinnen untersucht, es

Arzt und Patient

werden Herzkatheder geschoben, statt zu verstehen, was Menschen auf dem Herzen haben. Ich frage mich, wo da der Aufschrei von Ärzten bleibt, dass sie dafür nicht angetreten seien; und von Patienten, die sagen, dass das Gesundheitswesen kein Selbstbedienungsladen ist.

Die Frage ist nicht Schulmedizin oder Alternativmedizin, sondern „wirksam oder unwirksam".

Die nächste Generation muss bewusster damit umgehen, dass Ärzte als Persönlichkeit wirken – was sie auslösen bei den Patienten.

Buchempfehlung: Wunder wirken Wunder: Wie Medizin und Magie uns heilen", Verlag Rowohlt, 2016, 19,95 Euro

Patientengeschichten

Auf und ab...und heute geht es mir richtig gut
Von Ute Fischer

Wer mich kennt, weiß, dass meine vier Borreliosen mehr als drei Jahrzehnte alt sind. Bis vor zehn Jahren erlebte ich die heftigen Aufs und Abs vieler Borreliose-Betroffenen, die mich über das Kontaktformular des www.borreliosebund.de erreichen. Es klingt unglaubwürdig, aber ich habe so ziemlich alle Symptome selbst gespürt. Ich war zeitweise nicht in der Lage, mich ohne fremde Hilfe aus dem Bett zu erheben und nur unter Schmerzen vom Sitzen zum Stehen zu kommen. Ich zweifelte zeitweise an meinem Verstand, vermied vor allem Telefongespräche, weil ich mich meiner Wortfindungsstörungen schämte. Das Arbeiten am Computer nervte. Ich, die von der Schule an mit zehn Fingern blind schreiben konnte, landete trotz Hinschauens ständig auf falschen Tasten und/oder in der falschen Buchstabenreihe. Dazu wurde ich von Oben bis Unten immer wieder operiert; freilich unter völlig anderen Diagnosen. Meine Borreliose sollte angeblich schon längst ausgeheilt sein. Mit viel Glück trug ich – nach heutigem Ermessen – durch die überflüssigen Eingriffe an Sehnen, Schleimbeuteln und Gelenken keinen nennenswerten Schaden davon. Auch bei mir zwickt und zwackt es hier und da mal. Ich bin kein junges Mädchen mehr. Wer ab 50 morgens aufwacht und es tut nichts weh, der ist tot. Nun bin ich als 68 Jahre alt und es tut mir nichts weh. Heute zumindest nicht. Danke.

Warum schreibe ich das? Ich will Ihnen, der Leserin, dem Leser damit Mut machen und keinesfalls Neid verbreiten. Mein Anliegen zielt darauf, Ihnen Geduld, Demut und Zuversicht zu vermitteln, wie ich es auch immer und immer wieder üben musste.

Patientengeschichten

Gerade der heutige Tag zwingt mich, über die letzten zwei Jahre zu schreiben. Anlass war der gestrige Abend. Ich stieg aus dem Auto, um zu tanken. Erst im Stehen und mit der Zapfpistole in der Hand horchte ich in mich hinein. Eigentlich hatte ich doch seit mindestens fünf Jahre immer Schmerzen, wenn ich aus dem Sitzen zum Stehen kam. Nach Autofahrten von wenigstens einer Stunde humpelte ich und kam beim Laufen meinem Mann kaum hinterher, weil das rechte Bein und die rechte Hüfte schmerzhaft und wie gelähmt waren. „Das geht gleich wieder" tröstete ich ihn, wenn er besorgt meinen Gang kommentierte. Und tatsächlich lief ich mich relativ schnell wieder ein.

Gestern war das anders. Noch immer mit der Zapfpistole in der Hand realisierte ich, dass ich diesen Anlaufschmerz eigentlich schon länger nicht mehr gespürt hatte. So ist der Mensch eben: Tut etwas weh, merkt das die Schaltzentrale sofort. Tut es nicht mehr weh, reagiert das Gehirn nicht etwa mit Entzücken, sondern zeigt sich desinteressiert. Nur das Schmerzgedächtnis, das im Leben viele Ereignisse abspeichert, erinnerte mich wohl daran. Gott sei Dank gab es keinen Phantomschmerz. Auch das soll es ja geben.

Beim Hinterher-Sinnieren fiel mir noch auf, dass ich in den letzten Monaten manchmal − nach meinem Empfinden - ziemlich trandösig am Schreibtisch gesessen hatte. Viele Dinge, die ich früher ratzfatz erledigte, brauchten viel mehr Zeit. Ich war nicht unbedingt schlechter, eher besser. Aber Überlegungen und Entscheidungen nötigten mir mehr Zeit ab. Um mir nicht ständig frustriert vor Augen zu halten, was ich alles erledigen wollte und musste und letztlich doch nicht schaffte, konzentrierte ich mich auf weniger Aufgaben. Meine tägliche Jobliste wurde kürzer, aber auch realistischer. Ich schob das alles aufs Älterwerden. Mein Mann auch.

Patientengeschichten

Setze Prioritäten, nahm ich mir vor. Besser gesagt, als getan. Als Vorsitzende einer Patientenorganisation ergeben sich die Prioritäten täglich neu, nach dem Motto: Schmiede das Eisen, solange es heiß ist. Will meinen: Ein Brief aus dem Hause eines Gesundheitsministeriums, eine schiefe Presseverlautbarung oder die Enthüllung von Schwachstellen im Gesundheitswesen, die Borreliose-Patienten schaden oder helfen könnte, werfen die ganze Jobliste über Bord und kurbeln den Motor der Aktivitäten und Maßnahmen an. Hinzu kommen fremde Hilferufe, die selbst körperlich schmerzen, wenn man sie aufnimmt und nach Rat sucht.

Noch eben an der Zapfpistole machte es auch im Gehirn „klick". Mit wurde bewusst, dass sich der zarte Schleier um mein Denken aufgelöst hatte. Doch kein Alzheimer, wie ich manchmal böse-scherzhaft unterstellte. Wie oft hatte ich über die Synapsen in meinem Gehirn Späßchen gemacht, die wohl im Laufe der Borreliosen ihre Andockstelle verklebt hatten. Plötzlich funktionierten sie wieder. Freilich nicht plötzlich; ich hatte es nur nicht plötzlich wahrgenommen, wenngleich ich mich erinnerte, dass Vieles in den letzten Wochen viel besser gelang als früher. Meine Projektplanungen waren auf dem Punkt; es gab sogar Zeitpuffer für Entscheidungsspielräume. Die Erkenntnis kam aber schlagartig mit dem freudigen Vermissen der Beinprobleme.

Es war mir wichtig, das aufzuschreiben. Weil es verdeutlicht, dass selbst eine mehrfach behandelte und vermeintlich geheilte Borreliose Spuren hinterlässt. Es wird wohl bei einem Auf und Ab bleiben, solange ich lebe. Ich bemühe mich täglich, mein Immunsystem in Balance zu halten: Bewegung. Essen. Sinnvolle Arbeit. Liebe. Die Reihenfolge verschiebt sich nach Priorität. Prioritäten muss man setzen. Und eine wichtige ist: dankbar realisieren, was gut ist. Im Auf und im Ab.

Patientengeschichten

Symptom-Tagebuch von Annelie P., 45 Jahre alt.

Um die Patientin vor überfallartigen Nachfragen zu schützen, haben wir ihren Namen verfremdet und Arztnamen entfernt.

Februar/März 2015

- Im Februar mit Virusgrippe angesteckt während Grippewelle, daran „laboriert" bis Ende März/Anfang April.

April 2015

- Mit zwei Mädchen aus der Wohngruppe am 09. April Ausflug in den Wald, dabei offenbar eine Zecke „eingesammelt". Erst am nächsten Morgen unter der Dusche festgesogen entdeckt (rechte Wade nahe der Kniekehle), sachgerecht entfernt, danach vergessen.

- Zwei Wochen später von einem Bekannten auf größeren roten Fleck am Unterschenkel rechts angesprochen (circa sieben Zentimeter Durchmesser?). Fleck auch wieder vergessen im „Vorurlaubs-Stress", zumal Fleck keine Beschwerden machte und nach einigen Tagen wieder verschwand.

Mai 2015

- Im Urlaub die ersten zwei Maiwochen „schwächelnd" verbracht; ich habe es der Grippe zuvor zugeschrieben. Nun erstmals oft Kopfschmerzen (bis dahin nie gekannt). Zeitgleich dann auch die letzte

Patientengeschichten

Menstruation gehabt; vorher noch völlig regelmäßig alle 28 Tage.

- Am 21. von meinem Chef zum Arzt vor Ort geschickt worden. Der macht mir Angst. Er verbietet die lange Autostrecke zu meinem Erstwohnsitz. Angeblich sähe ich krank und elend aus. Er befürchtet bei mir ein Burnout. Meine subjektiven Beschwerden: Gefühl, allgemein nicht mehr sehr gesund gewesen zu sein seit der Grippe, Belastung durch problematische firmeninterne Situation. Sie ist aber berufstypisch und hat nichts mit meiner Leistung zu tun. Erste Häufung von Herz-Problemen, Schlaf-/Essstörungen, starker Haarausfall. Ich führe das auf Stress zurück. Der Arzt will mich in eine Tagesklinik schicken. Ich lehne ab. Der Arzt füllt zwei Arbeitsunfähigkeitsbescheinigungen in Folge aus: Diagnose: Angststörung.

Juni 2015

- Mitte Juni im Gespräch mit meinem Chef; es fällt ihm auf, dass ich rau und heiser klinge. Seines Erachtens wirke ich noch immer kränklich.

- Ab Monatsmitte mehr Ruhe; auch wegen Resturlaub aus 2014. Statt gesundheitlicher Erholung kränkele ich weiter: Appetitlosigkeit, Haarausfall, Schlafstörungen, Kopf-/Rückenschmerzen, Schweißausbrüche, hin und wieder Herzbeschwerden sowie eine steigende Geräusch- und neue extreme Geruchsemp-

Patientengeschichten

findlichkeit. Etwa zeitgleich intensive „Abgrenzung" von Menschen und Desinteresse an jeglichen Aktivitäten außerhalb der Wohnung. Schmerzen in der Blase ab Ende Juni ohne nachvollziehbaren Anlass zu einer Erkältung.

Juli 2015

- Am 06. zur Gynäkologin und bei ihr Antibiotikum erbeten wegen Blasenschmerz; Schmerz lässt nach, aber geht nicht ganz weg. Zusätzlich Magen-Darm-Unverträglichkeit des Medikaments.

- Kurz danach beginnt mein Urlaub 2015 plus über 200 Überstunden zum Abfeiern.

- Etwa um diese Zeit zweiter Zeckenstich nach einem kleinen Waldspaziergang. Zecke jedoch schon nach ein, zwei Stunden gefunden am Rippenbogen links (Tier noch nicht saugend, sondern noch dabei, sich in die Haut zu „drehen"), danach gleich entfernt.

- Spätestens Ende Juli bereits viel antriebsloser geworden als je vorher, aber immer noch in dem Glauben, dies sein nur das Ergebnis von einigen stressigen Berufsjahren + Grippe zuvor.

Patientengeschichten

August 2015

- Etwa ab Monatsanfang hin und wieder Rötungen an der Innenseite des Oberschenkels rechts, kommend und gehend, nicht juckend/nicht schmerzend.

- Etwa zeitgleich aber vermehrt „weinerlich" geworden + schnell aufgeregt über alles Mögliche. Trotz Langurlaub fühle ich mich körperlich weiter schlecht und wenig belastbar. Ein Mal (?) rechte Leiste stark angeschwollener Lymphknoten, der aber nach einigen Tagen wieder abschwillt.

- Gleicher Zeitraum Untersuchung bei einer Osteopathin: Sie äußert den Verdacht, dass meine Leber und der gesamte Bauchraum nicht in Ordnung seien. Ob ich ungesünder lebe als bisher? Ob ich viel Alkohol oder etwas in der Art trinke? Das trifft nicht zu. Auch meine Hautfarbe, vor allem an den Beinen (bläulich/geädert) mit ersichtlich schlechter Durchblutung mache ihr Sorge.

- Ebenso etwa zeitgleich oder kurz danach im August: weiter sich verstärkendes Herzrasen/eine Art „Brennen" und oft Gefühl des Klopfens des Herzens bis in den Hals neben den gesamten „Wehwehchen" der letzten Zeit. Eigene Vermutung: alles Wechseljahresbeschwerden.

Patientengeschichten

- Von einzelnen Bekannten ab dieser Zeit als recht „unausstehlich" beschrieben, also noch mehr vielen Leuten ausgewichen, um niemanden mit meiner Stinklaune zu belasten.

September 2015

- Monatsanfang (Datum nicht mehr genau erinnerlich): jäher, starker Zahnschmerz rechte Seite Unterkiefer (Eckzahn oder vorderer Backenzahn). Notfallmäßig einen als gewissenhaft arbeitenden bekannten Zahnarzt konsultiert. Er untersucht und röntgt. Nichts. Spätestens ab nun die allermeisten Tage gänzlich antriebslos und unkonzentriert wie noch nie, viele Sachen verlegt, Dinge in die Hand genommen, wieder aus der Hand gelegt, da eigentliche Absicht sofort vergessen – und wenn ursprüngliche Absicht wieder einfällt, sind die Sachen nicht mehr auffindbar. Sehr oft schnell müde.

- Ich habe das unbestimmte Gefühl, irgendwie sehr (!) krank zu sein, habe aber keine Ahnung, was das sein könne.

- Letztes Drittel September. Jäher Abbruch des Versuchs einer kleinen Waldtour mit Rad und Pilzkorb, da plötzlich die Kräfte schwinden, die Tour sich zu anstrengend anfühlt und als völlig sinnlos bewertet wird.

Patientengeschichten

- Tage später/Ende Sept. schließlich zu Hausärztin am Erstwohnsitz. Ich berichte ansatzweise und so gut wie möglich über erhebliche psychische und physische Missempfindungen. Missbefindlichkeiten berichtet. Sie verordnet ein Antidepressivum und schreibt mich arbeitsunfähig. Diagnose: Depression. Trotz früheren Einstellungen zu solch „harten" Medikamenten beginne ich wirklich mit der Einnahme. Verbesserungen zeigen sich nicht wirklich. Die Weinerlichkeit nimmt ab, aber nicht das Gefühl, sehr krank zu sein. Schon kurz nach Einnahmebeginn steigern sich Herzrasen und Herzstolpern, was ich dem Medikament zuschreibe. Die Kopfschmerzen nehmen zu. Mir ist oft schwindelig.

Oktober 2015

- Spätestens ab jetzt völlig neue Aversionen gegen diverse Lebensmittel (zum Beispiel Milch im Kaffee, erheblicher Ekel bei Fleischgeruch, bisher hatte ich das nur bei Fisch).

- Sporadisch auftretende Schmerzen im Gelenk des großen Zehs am rechten Fuß, oft im rechten Knie und meist beide Hüftgelenke. Schmerzen kommen und gehen, völlig unabhängig von Belastungen, die ich sowieso komplett vermeide.

- Herzbeschwerden und sehr schneller Puls werden mit einem weiteren Medikament versorgt.

Patientengeschichten

- Am 27. regelrecht verirrt auf der Fahrt zu einem Arzt der Agentur für Arbeit. Keine Anordnung, sondern ich hatte selbst um diesen Termin gebeten, weil es mir nicht gut geht, ich aber gern bald wieder arbeiten will, gegebenenfalls in einem neuem, weniger belastenden Beruf: Eine zu umfahrende Straßensperrung und ein gescheiterter Umkehrversuch stürzen mich in völlige Orientierungslosigkeit. Nur der Anruf bei einem ortskundigen Bekannten bringt Rettung. Er sammelt mich nach meinen Beschreibungen von nächstliegenden Orten regelrecht ein und liefert mich dann deutlich verspätet beim Termin ab. Nach der körperlichen Untersuchung fragt der Arzt unvermittelt nach etwaigen Stressbelastungen im Beruf. Ich breche in Tränen aus. Es fällt mir nur eine für meine Begriffe sehr schlimme Situation ein, wo ich einem Kind zu Hilfe kam, das von einem Mann angegriffen wurde. Meine Rationalität ist komplett weg. Ich bin nur noch ein heulendes Elend, ein für mich völlig atypisches Verhalten.

November 2015

- Meine Freundin Renate entdeckt am 7. einen neuen roten Fleck an meiner Wade. Sie scheucht mich zum Arzt; das sei ganz sicher eine Wanderröte. Der Arzt müsse sofort auf Borreliose untersuchen und behandeln. Der rote Streifen an der Innenseite der rechten Wade schließt sich nun auch für mich sichtbar auf der Rückseite der Wade zu einem runden, roten, an

Patientengeschichten

jenem Tag noch innen hellen Kreis von circa acht bis zehn Zentimetern Durchmesser.

- Der Kreis vergrößert sich in den Folgetagen, an denen ich auf einen Termin warte. Der anfängliche innere helle Kreis verdunkelt sich, der Rand wird blasser. Die Ärztin meint, dass das wirklich eine Wanderröte sein könne, sie kenne sich damit aber nicht aus. Auf meine Bitte hin verschreibt sie Doxycyclin, 100 Milligramm pro Tag. Die Wanderröte wird erst bläulich, noch größer und verschwindet nach einigen Tagen. Es existierten Fotos.

- Eine Blutabnahme wird erwogen, nachdem ich das Antibiotikum bereits vier Tage eingenommen habe. Es finden sich Borreliose-Antikörper. Außerdem wird ein viel zu niedriger Vitamin-D-Spiegel festgestellt, stark erhöhte Cholesterinwerte. Beides nicht erklärlich bei meinen Lebensgewohnheiten: Bis auf weniger Fleisch und Fisch- schon wegen meiner Aversion – habe ich nichts verändert an meiner Ernährung.

- Während der dreiwöchigen Antibiose Haarausfall. Herzprobleme lassen etwas nach, Kopfschmerzen weniger; Schwäche nimmt kaum ab und verstärkt sich ab Mitte der zweiten Antibiotika-Woche. Meine Hände zittern auffallend stark und oft.

Patientengeschichten

- In der zweiten Antibiotika-Woche erhalte ich eine Tetanus-Impfung. Ich stelle mit Hilfe der Hausärztin einen Antrag auf Kur. Nach zwei Wochen kommt die Ablehnung. Die Deutsche Rentenversicherung (DRV) empfiehlt als Alternative ambulante Behandlungen.

Dezember 2015

- Trotz Versuchen der Hausärztin, mich aufmuntern zu wollen, fühle ich mich weiterhin nicht erholt, sondern schwach, erschöpft, obwohl ich viel gelegen und viel geschlafen habe, wenn ich überhaupt schlafen konnte. Auch Kopfschmerzen kommen bald wieder und Haarausfall. Fast den ganzen Dezember verbringe ich im Bett. Die Empfindlichkeit gegenüber Gerüchen und Geräuschen nimmt zu. Mein Gefühl für Temperaturen an mir und im Raum verschwindet.

- In jener Zeit versuche ich, Basiswissen über Borreliose zu erlangen. Ich erkenne in den Krankengeschichten und Symptombeschreibungen anderer meinen eigenen Krankheitsverlauf wieder. In der Arztpraxis werde ich dafür gerüffelt. Ich sollte nicht so viel darüber lesen. Die Ärztin weiß ein Beispiel, wo eine Patientin mit schwerer Borreliose komplette Heilung durch eine bestimmte Heilpraktikerin erfahren habe.

Patientengeschichten

Januar 2016

- Seit Anfang kann ich wieder mehr essen und ich bewege mich mehr. Nur noch wenig geraucht. Weil ich wieder in einer gewohnten Umgebung wohne, fühle ich mich psychisch besser. Jedoch Rückenschmerzen an der Lenden- und an der Halswirbelsäule. Die Fingergelenke der rechten Hand schmerzen, auch das rechte Knie und eines oder beide Hüftgelenke. Ich kenne diese Schmerzen. Wie früher kommen und gehen sie, ohne körperliche Belastung und ohne Bewegungsfehler. Meine Unkonzentriertheit spielt mir Streiche. Ich beginne zehn Dinge gleichzeitig und erledige am Ende keines davon. Ohne eine Notiz vergesse ich alles. Ich, die vor acht, neun Monaten noch 50 Dinge und Termine auswendig behalten konnte.

- Gleichfalls ab jetzt in nie gekanntem Maß früher undenkbare Schreibfehler (ganze Silben und Buchstaben fehlen, zu viel oder oft Konsonanten in Reihenfolge vertauscht). Zudem, laut Aussage von Freunden und Bekannten: noch elenderes Aussehen als Ende 2015.

- Unter anderem – wie von der DRV angeregt - Therapie bei Psychologin/Fachärztin für Psychiatrie begonnen. Ich habe sie und die neue praktische Hausärztin bereits darauf hingewiesen, dass ich an Depression als Auslöser der Unkonzentriertheit und

Patientengeschichten

Schwäche gar nicht mehr glaube, sondern allein die Borreliose als Auslöser der gesamten Probleme/Ausfälle seit Vorjahr vermute.

- Bei der neuen Hausärztin sind EKG, Blutdruck und Blutbild nur leicht auffällig. Auf Grund neuer Werte im Borreliose-Test weise ich darauf hin, dass der berichtete Zeckenstich im Dienst erfolgt sei; das müsse also an die Berufsgenossenschaft gemeldet werden. Der frühere Arbeitgeber muss die Meldung in die Wege leiten.

Februar 2016

Spätestens seit Anfang des Monats Kurzatmigkeit beim Treppensteigen bemerkbar. Treppensteigen ist gänzlich unmöglich.

- Konsultation eines HNO-Arztes wegen seit April 2014 bestehendem Tinnitus. Arzt sagt, dass daran nichts mehr zu verändern sei. Außerdem stellt er fest: leicht entzündete Schleimhäute im Nasen- und Rachenraum

- Ab Anfang/Mitte Februar gehorchen mir die Füße nicht mehr richtig und auch andere Gliedmaßen. Ich strauchele beim Aussteigen aus dem Auto, weil ich den Boden unter den Füßen nicht richtig spüre. Mehrfach drohe ich zu stürzen, weil mein Knie nachgibt. Es ist mir nicht möglich, ein kleines Wasserrinnsal zu überspringen. Ständig fallen mir Dinge

Patientengeschichten

aus der Hand, von denen ich glaubte, sie ergriffen zu haben. Ich habe ungeschickte Hände und stoße Dinge um. Meine Standfestigkeit als Fußgängerin lässt – früher Outdoor-Sportlerin – sehr zu wünschen übrig.

- Am 10. (wieder einmal!) ein Vorstellungsgespräch abgesagt; dieses Mal wegen akuter Magen-Darm-Probleme. Die Lektüre des zufällig gekauften Buches von Petra Hopf-Seidel (Borreliose-Spezialistin) und danach erneut weitere medizinische Schriften studiert, bestärken meine Vermutung, dass Borreliose mein Kernproblem ist. Erstmals rekonstruiere ich den Krankheitsverlauf im Vorjahr und entwickle Ideen für meine weitere Behandlung.

- Bei einer Autofahrt habe ich zwar artig eine Mutter mit Kinderwagen (16./ Valentinstag?) über einen Zebrastreifen gelassen, aber dann nach dem Losfahren eine rote Fußgängerampel übersehen, worauf mich mein Beifahrer Gott sei Dank aufmerksam machte.

- Am 25.: Termin beim Orthopäden wegen massiven Rückenproblemen in der letzten Zeit. Ich mache ihn auf Borreliose aufmerksam. Die Halswirbelsäule wurde geröntgt, ein Halswirbel und ein Lendenwirbel eingerenkt. Der Arzt weist mich darauf hin, dass meine altbekannten Rückenprobleme durch Borreliose verstärkt sein könnten. Der eingerenkte Lendenwirbel hält für sechs Stunden Ruhe, der Halswirbel eineinhalb Tage. Danach sind beide Wirbel wieder „wer weiß wo", jedenfalls nicht an ihrem Platz. Die verordnete Krankengymnastik kommt danach wegen Schwäche und nicht mehr vorhandener Fahrtüchtigkeit nicht zustande.

- 26.: Termin Neurologe. Ich habe ihn auf Borreliose aufmerksam gemacht und werde quasi sofort aus der Praxis hinauskomplimentiert; seiner Ansicht nach sei ich bei ihm falsch und zuerst überhaupt eine Lumbalpunktion unerlässlich (Hinweis dazu: nicht wenige Borreliose-Ärzte sagen, dass dies nicht immer aussagekräftig und durchaus erlässlich sei.) Ab jetzt: Suche nach gegebenenfalls mit Borreliose erfahrenen Ärzten vor Ort sowie Suche nach weiteren Hinweisen aus Selbsthilfegruppen für Erkrankte.

März 2016

- Am 01. in Absprache mit der Hausärztin einen weiteren praktischen Arzt konsultiert. Wieder berichte ich die ganze Vorgeschichte. Er meint, dass Borreliose nicht mein Hauptproblem sei. Ich habe wieder erhöhten Puls und Bluthochdruck. Er empfiehlt eine Dauer-Blutdruck-Messung bei der Hausärztin. Außerdem soll die Lunge geröntgt werden wegen erheblichen verdächtigen Lungen-Geräuschen.

- Folgewoche: Dauer-Blutdruck-Messung mit einzelnen deutlichen „Spitzen", nicht wirklich dramatisch.

Patientengeschichten

Lunge ohne Befund laut Röntgenbild (Lungenfunktionstest vor Wochen jedoch auch bereits schlecht!). Mein körperlicher Zustand weiterhin nur immer wenige Tage erträglich, meist sehr schlecht, zum Beispiel nur notdürftige Selbstversorgung, dann Programm für einen halben Tag oder länger; sehr oft schwach, müde, viel gelegen bei regelmäßigem Schlaf-Wach-Rhythmus).

- Nächste Folgewoche: Wieder den Arzt konsultiert, wieder Bisoprolol verordnet bekommen wegen zu hohem Puls und Blutdruckschwankungen. Auf meine Bitte verordnet er eine zweite Antibiose, wieder Doxycyclin, aber nun 200 Milligramm pro Tag. Zwei Tage geht es mir damit besser, dann Tag für Tag wieder schlechter. .

- Nächste Folgewoche: Die Psychiaterin/Psychologin regt ein bildgebendes Verfahren des Schädels an. Sie bestärkt mich, dass ich ganz sicher nicht depressiv sei. Nach Absprache mit Hausärztin erhalte ich noch am gleichen Tag einen MRT-Termin.

- Befund/ Ersteinschätzung der Radiologin: eventuell beginnende Demyelinisierungen im Schädel; gegebenenfalls beginnende MS oder eben Neuroborreliose - weitere Klärung soll die Neurologie erbringen.

- Während der weiteren Antibiose ist mittlerweile nahezu gar kein Hunger mehr vorhanden, das Gedächtnis funktioniert nur noch für Sekunden. Zwei Mal die Herdplatten nicht ausgeschaltet und Ähnliches. Physisch rasanter Verfall, starke Gangstörungen, komplett entkräftet, fahrtüchtig nur noch manchmal. Nach circa drei Wochen habe ich die Antibiose ohne vorherige Absprache mit Ärzten abgebrochen.

- Nach Abbruch: weiterhin kein Hungergefühl. Aber plötzlich zeigen sich selbst kleinste Alkoholmengen als Appetitanreger gänzlich unverträglich (früher gern ein Glas Bier, nun nicht einmal mehr ein Schluck möglich, Brechreiz bereits bei Alkoholgeruch. Das begann jedoch schon etwas früher und eher „schleichend" im Februar. Kopf-/Nackenschmerz als manifester Dauerzustand seit März 2015 (allerdings ohne das noch richtig bewusst wahrzunehmen/formulieren zu können!!!).

April 2016

- 01. bis 03. erneut diverse neue medizinische Borreliose-Fachschriften studiert, soweit das noch möglich ist. Notizen gemacht und von Freundin Renate (als Biologin) und Apothekerin in Nachbarschaft sichten beziehungsweise prüfen lassen auf Schlüssigkeit.

- Danach in der Arzt-Praxis Diskussion geführt darüber, ob nun noch differenzierte Diagnostik wegen MS-Verdacht sinnvoller sei oder neue Borreliose-

Patientengeschichten

Behandlung „auf Verdacht"; schließlich dringlich um Kombinationsantibiose nach medizinischen Standards laut Dr. Hopf-Seidel und Ph.D. Sapi gebeten. Auf „eigene Gefahr" und in erster (Mail)-Rücksprache mit Dr. Hopf-Seidel bezüglich des Krankheitsverlauf sowie empfehlenswerter Medikationsdauer und so weiter.

- Medikamente besorgt. Antibiose begonnen. Schon ab 06. taggleich schnelle erste Besserungen spürbar, trotz bemerkbar steigend heftigem Verlauf der Antibiose (Herxheimer-Reaktionen? - Protokoll Antibiose begonnen.

Mai 2016

- Gegen Ende der Antibiose körperlicher Zustand zuerst noch immer miserabel und sehr geschwächt. Geistig jedoch wieder sehr „wach" und willens, gesund oder mindestens gesünder zu werden. Auch der Wach-Schlafrhythmus verläuft wieder komplett gleichmäßig. Appetit kehrt zurück.

Juni 2016

- Zunächst allmähliche körperliche Erholung von letzter Antibiose mit einer ziemlich guten Phase etwa ab Mitte/Ende Juni; viele Beschwerden (Vergesslichkeit, völlige Unfähigkeit zur Konzentration etc.) klingen weitgehend (!) oder ganz ab, Blutdruck/Puls allmählich wieder dauerhaft völlig normal. Die im Vor-

Patientengeschichten

jahr langsam entstandene Lese-/Rechtschreibschwäche lässt ebenso wieder deutlich nach. Aber: Etliche „Ausfälle" des Gedächtnisses bleiben weiterhin erhalten, hauptsächlich Kurzzeit-Gedächtnis, wogegen Langzeitgedächtnis meist noch gut funktioniert. Oft noch verminderte Wahrnehmungsfähigkeit (Treppenstufen übersehen, Geschwindigkeiten oder Abstände von herannahenden Autos schlecht einschätzen können und Ähnliches)

- Oft noch sehr lichtempfindlich und hin und wieder deutliche Sehstörungen. Kontrolle beim Augenarzt ohne Befund. Völlig neue Hautprobleme (Haut sehr rau, trocken, Haarausfall stark schwankend trotz Nutzung hormonhaltigen Haarwassers, ansatzlos blaue Flecken, die nur sehr langsam wieder weggehen.)

- Die Hautärztin schiebt das (mündlich) „nur" auf beginnende Schuppenflechte plus verschobenen Hormonspiegel (Testosteron-lastig).

- Außerdem wieder vermehrt und extremer werdende Gelenkbeschwerden, mehr und mehr sich verformende Finger (Rheumafaktoren im Blut aber nicht zu finden) plus jetzt auch Muskelschmerzen neu plus nochmalige Gewichtsabnahme.

Patientengeschichten

Vorläufige Zwischenbilanz:

1. Die lange unerkannte Borreliose kann ich den 2015 anfangs behandelnden Ärzte/Ärztinnen nicht wirklich zum Vorwurf machen, weil mir zwischenzeitlich klar ist, wie leicht exakt diese Erkrankung übersehen/fehlinterpretiert werden kann und wie schwer sie überhaupt zu erkennen ist. Auch ich hatte zunächst gar keine Vorstellung, was mit mir nicht stimmen könnte, spürte zwar, dass etwas gravierend nicht stimmte, glitt aber mehr und mehr in die Krankheit ab.

2. Meines Erachtens nachteilig mit Blick auf den raschen Krankheits-Fortschritt wirkte sich die Tetanus-Impfung „zur Unzeit" aus; doch auch daraus ist der damals behandelnden Ärztin kein (!) Vorwurf zu machen - mancherlei neueres Wissen zu Borreliose ist einfach noch nicht verbreitet.

3. Nach meinem Eindruck (und mit ausdrücklichem Hinweis darauf, dass ich medizinischer Laie bin, jedoch eben „Expertin" für mich) verursachte die zweite Doxycyclin-Antibiose ab März die Symptome so schnell und so erheblich, dass ich mich frage, ob etwaige Resistenzen nach der ersten, offenbar zu knappen Doxycyclin-Antibiose die damals vorhandenen Spirochäten zu einer rasanten Vermehrung anregten oder eben zu einer Erhöhung ihrer Aktivi-

Patientengeschichten

tät per forcierter Rückverwandlung von Persistern in aktive Formen. Doch derlei festzustellen ist Sache der dafür ausgebildeten Wissenschaftler. Bei mir ist es eben nur eine Idee aus dem eigenen Erleben heraus.

4. Was momentan bleibt, ist tatsächlich Angst vor neuen Schüben, neuen Ausfallerscheinungen und weniger „Glück im Unglück". Doch auch die Hoffnung kehrt jetzt langsam zurück, dass sich einige Erscheinungsformen der Borreliose bei mir nach und nach zurückbilden werden: die Vergesslichkeit und Unkonzentriertheit zum Beispiel wurden zuletzt besser, und eventuell wird es mit den körperlichen Kräften ähnlich sein.

5. Diskussionsfähige Ärzte/-innen (insbesondere wie zuletzt) sind für „mündige Patienten wahrhaftig ein Geschenk. Weniger erfreulich ist, von der DRV zum Beispiel bisher keine Hilfeangebote erhalten zu haben. Ebenso unerfreulich ist, dass auch die derzeitige Krankenkasse sich nachträglich sperrte bei der Bitte um Übernahme der Kosten für die Kombinationsantibiose: die waren bislang geringer, als nur ein einziger Krankenhaustag gekostet hätte - und der wäre unausweichlich gewesen, wenn nicht diese Antibiose noch im letzten Moment begonnen worden wäre.

Börfink, den 04.Mai 2016

Patientengeschichten

52 Jahre Borreliose

Ingeborg Schmierer hat überlebt. Wer ihren Leidensweg seit 1964 verfolgt, empfindet Ehrfurcht vor dieser Frau, die fast ein Leben benötigte, um die wahre Ursache ihrer Schmerzen zu begreifen.

1964 wusste noch niemand, dass Borrelien in Zecken sitzen. 1965 - nahezu zeitgleich – bemerkte Polly Murray im Örtchen Lyme, US-Bundesstaat Connecticut, dass sie und ihre Familie jeden Sommer rheumaartige Symptome entwickelten, die unter Antibiotika wieder verschwanden. Wie Ingeborg Schmierer pilgerte sie von Arzt zu Arzt, um der Ursache auf die Spur zu kommen. 17 grausame schmerzensreiche Jahre mussten vergehen, bis sie erreichte, dass die Zecken in Lyme untersucht wurden und Willy Burgdorfer die Borrelien fand. Geheilt war sie und ihre Familie dadurch trotzdem nicht.

Aber Ingeborg Schmierer taumelte noch immer von Krankenhaus zu Krankenhaus; an manchen Tagen mehr tot als lebendig. Es war das Jahr 2000, als Ingeborg Schmierer bei uns anrief. Gerade war unser erstes Borreliose-Buch erschienen. „Jetzt weiß ich seit 36 Jahren erstmals, was ich habe", sagte sie ergriffen am Telefon. Seit dem ist unser Kontakt nie abgerissen.

Patientengeschichten

Ingeborg Schmierer hat ihre Krankheitsgeschichte im Internet hinterlassen. Sie ist zu lang, um sie hier abzudrucken. Aber man kann sie unter www.ingeborgschmierer.de aufrufen und lesen. Mit 70 kaufte sie einen Computer und lernte, ihn zu bedienen.  Sie erstellte sich eine Homepage, einen Facebook-Account, sie geht in Foren, gründete eine Borreliose-Beratung in Winnenden. Richtig gesund ist sie nie wieder geworden. Aber ihr Mut, ihr Zorn schenken ihr die Kraft, um anderen Rat zu spenden. 2014 erhielt sie den dm-Preis HelferHerzen. Mehr als 35.000 User lasen ihre Geschichte. Vergangenen Oktober stemmte sie eine zweite große Patienten-Veranstaltung in Winnenden. Sie scheint einen ganz besonderen Schutzengel zu haben.

Verschiedenes

Zeckenstiche gelten als Unfall

Nicht nur in der Schweiz gelten Zeckenstiche bei der Unfallversicherung als Unfall; jedoch bremsen die Schweizer das Thema nicht aus wie in Deutschland. Im Gegenteil: Das dortige Bundesamt für Gesundheit (BAG) informiert regelmäßig über die Zahl der Arztbesuche wegen eines Zeckenstichs und den daraus entstandenen Borreliose-Infektionen. Waren es bis Anfang Juli 2016 „nur" 14.600 Arztbesuche mit etwa 3.100 Borreliosen, so meldete das BAG für Ende September mit 27.300 eine nahezu Verdopplung der Arztbesuche und etwa 12.000 Fälle von akuter Lyme-Borreliose. (8,3 Millionen Einwohner)

Auch der größte private Schweizer Unfallversicherer Axa Winterthur registrierte eine Zunahme von fast 40 Prozent mehr Borreliosen als in den zwei Vorjahren. Von so viel Offenheit können Versicherte in Deutschland nur träumen. Trotzdem drücken sich auch in der Schweiz die Versicherungen vor der Kostenübernahme der Behandlung, wenn nicht nachvollziehbar und fotografisch Beweise für den Zeckenstich vorhanden sind. In der Schweiz rechnet man – je nach Zecken-Fall - mit wenigen 100 bis mehreren 10.000 Franken Behandlungskosten.

Neues von Plum Island

Die Horrorgeschichten über Plum Island reißen nicht ab. Das Inselchen liegt in Rufweite zu Lyme, dem kleinen Städtchen im US-Bundesstaat Connecticut, nach dem die Lyme-Borreliose benannt ist. In der aktuellen Berichterstattung wird von seiner örtlichen Nähe zu Long Island geschrieben, dort wo die wohlhabenden New Yorker ihre

Verschiedenes

Wochenenden verbringen. Es stimmt beides. Auf Plum Island befand sich seit 1954 ein Labor zur Erforschung bestimmter Viren und deren Einsatz als Biowaffen. Der New Yorker Jurist Michael Carroll konkretisierte in seinem Buch: *The Disturbing Story of the Government's Secret Plum Island Germ Laboratory*: "Plum Island liefert mehr Überträger für Infektionskrankheiten als möglicherweise jeder andere Ort der Welt."

Nun also wieder Plum Island. Noch immer befindet sich dort eine Forschungseinrichtung, die der Erforschung von

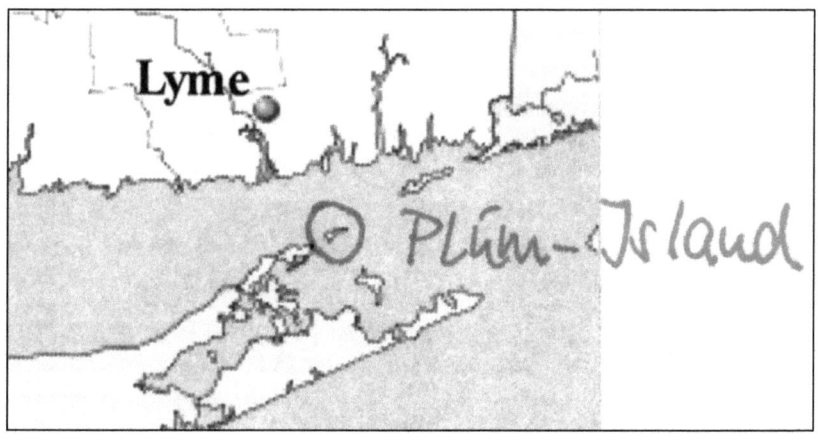

Tierkrankheiten dient. Das Animal Disease Center (ADC) ist dem US-Heimatschutzministerium unterstellt. Im Juli 2008 wurde an der Küste New Yorks ein Wesen angespült, das als Montauk-Monster bezeichnet wird. Diese seltsame Kreatur in der Größe eines Hundes, nur teilweise behaart und mit einem schnabelartigen Maul soll das Ergebnis eines Genexperiments sein, was die Betreiber des Laborkomplexes dementieren. Danach wurde noch eine weitere seltsame Kreatur gefunden. Doch die Gerüchte verstummen nicht. Angler berichteten von Schüssen auf der Insel. Angeblich

Verschiedenes

habe ein Hubschrauber eine bewaffnete Einheit abgeseilt. Verschiedene Bücher aus dem Kopp-Verlag verstärken die Gerüchte, dass Plum Island ein Pulverfass sei und dass die Lyme-Krankheit das Ergebnis einer bewussten Anzüchtung von Zecken sei.

Es gibt Bestrebungen, diese Forschungseinheit von Plum Island nach Kansas zu verlegen; unter anderem weil man sich der Gefahr eines Tsunami bewusst sei, der alles, was nicht niet- und nagelfest ist, an die Küste New Yorks schwabben würde. Außerdem habe man Plum Island auf einer Al-Kaida-Liste möglicher Angriffsziele entdeckt.

Wie gründet sich eine Selbsthilfegruppe?

Von Ute Fischer

Für Borreliose gibt es in Deutschland etwa 100 Selbsthilfegruppen (SHG). Die meisten sind dem Borreliose und FSME Bund Deutschland (BFBD) angeschlossen; andere arbeiten ohnebesondere Bindung, deswegen auch nicht schlecht. Allerdings müssen sie mehr Arbeit für Informationsbeschaffung aufwenden. Idealerweise wirken mehrere Gruppenmitglieder zusammen und recherchieren, was Internet, Facebook und Twitter hergeben. Idealerweise versucht man, auch einen Journalisten in die Gruppe zu holen, weil dieser mit Presseausweis freien Zutritt zu Medizinischen Kongressen hat und damit an Primär-Informationen kommt.

Für die Gründung einer SHG gibt es keine Normen, keine Vorschriften. Am Anfang steht lediglich die Anstrengung, zu sondieren, wer im regionalen Umfeld betroffen ist und an einer SHG interessiert sein könnte. In der Regel helfen die Regional-Redaktionen von Tageszeitungen und Anzei-

Verschiedenes

genblättern, wenn es um die Bekanntmachung eines ersten Treffens für Interessierte geht. Man kann sich dazu telefonisch zusammenrufen oder gleich einen festen Ort im Nebenzimmer eines Gasthauses vereinbaren. Bis dahin ist noch kein Geld geflossen.

Eine andere Möglichkeit ist, Interessenten über einen Borreliose-Vortrag anzulocken. Einen Arzt dazu gewinnen zu können, ist wenig aussichtsreich. Er müsste ja Gefahr laufen, dass sämtliche Patienten am nächsten Tag bei ihm auf der Matte stehen. Der BFBD bietet in solchen Situationen einen Power-Point-Vortrag an, er stellt die Weichen zur nächsten Selbsthilfekontaktstelle (SKS); die wiederum hilft weiter, wenn es um einen künftigen Raum oder um das Antragsprozedere für Fördermittel geht. In jeder Region gibt es so eine SKS, die sich sehr um SHG bemüht. Nachzuschlagen über www.nakos.de, Rubrik: Grüne Adressen.

Der BFBD hat dafür eigens eine Checkliste erarbeitet, wie man eine SHG gründet, was man organisatorisch dafür tun sollte. Außerdem kann man bei einer bereits gegründeten SHG anrufen und um Rat bitten. Alle SHG sind vermerkt auf der Homepage www.borreliose-bund.de

In eigener Sache: Etliche SHG-Gründungen führen darauf zurück, dass eine Art Versprechen im Raum stand: „Wenn es mir besser geht, will ich mich um andere kümmern, die das noch nicht geschafft haben". Auf diese Weise war ich an etlichen SHG-Gründungen beteiligt und lasse mich dort auch von Zeit zu Zeit sehen. Es ist zwar ein zeitlicher Aufwand, wenn man alle Monate oder alle zwei Monate zwei, drei Stunden dafür abzweigt, damit sich Betroffene untereinander aussprechen und ihre Erfahrung teilen können. Aber es tut auch selbst gut, dass man damit etwas Sinnvolles getan hat. Wenn sich alle Menschen nur darauf verlassen würden, dass andere die Steine aus dem Weg

Verschiedenes

räumen, blieben viele mit ihren Sorgen und ihrer Angst vor dem Ungewissen, Unbekannten krank alleine. Viele Borreliose-Patienten haben niemanden mehr, mit dem sie über Borreliose sprechen können. Selbst Ehepartnern wird das auf die Dauer zu viel. Kollegen und Nachbarn können es nicht mehr hören, weil sie ja keine Ahnung haben, wie Borreliose das Leben eines Menschen beeinträchtigen kann. In einer SHG kann man darüber sprechen und erfahren, wie andere damit umgehen und daraus Ideen und Hoffnung schöpfen. Hoffnung lässt uns weitermachen; sie stirbt Gott sei Dank zuletzt.

Prominente Borreliose-Opfer 2016

Die Schweizer Golferin Fabienne In-Albon (30) aus Zug musste ihre Saison auf der European Ladies tour frühzeitig abbrechen. Nur mit größten Mühen konnte sie sich für Olympia qualifizieren und landete in Rio nur auf Platz 57. Ihre Hauptsymptome konzentrieren sich auf von Gelenk zu Gelenk wandernden Schmerzen, große Müdigkeit, starke Kopfschmerzen und dadurch auf die Schwierigkeit, sich über längere Zeit konzentrieren zu können, was bei Golf ein großes Problem darstellt. „Es ist, als wäre da ein Autopilot, der meinen Körper kontrolliert und steuert." Quelle: www.blick.ch

Die Borreliose der US-Schauspielerin Yolanda Foster (housewives.of-beverlyhills) ist schon länger bekannt. Nun bekennt sich auch deren Tochter Bella Hadid, Supermodel, zur Infektion. Sie leide unter Schmerzen am Nervensystem, an Gelenken und Haut. Sie sei immer hundemüde, klagte sie dem Magazin US-Weekly. Es gebe Tage, da laufe sie zitternd über den Laufsteg und käme selbst nach 14 Stunden Schlaf nicht in die Gänge.

Verschiedenes

Aus der Borreliose-Beratung
Von Klaus Gesell

Nur mal nachgedacht zum Thema Ärztliche Leitlinien für Lyme-Borreliose.

Lyme-Borreliose wurde erstmals 1975 in den USA (Lyme, Bundesstaat Connecticut) erkannt, wenngleich auch nicht den Erreger, aber zumindest die Verursacher: Zecken. Den Erreger entdeckte der Schweizer Arzt Willy Burgdorfer

1981 im Mitteldarm der Zecke. Die erste Leitlinie für die Lyme-Borreliose beim Kind stammt aus dem Jahr 1996, die erste für Neuroborreliose aus 2002. Nun zählen wir das Jahr 2016: Schlappe 35 Jahre sind seit der Entdeckung von Burgdorfer vergangen, in denen sich unsere Gesundheits-Allgegenwärtigen zurücklehnen konnten und den „Lieben Gott" einen guten Mann sein ließen. Beinahe täglich werde ich mit dem Thema Borreliose konfrontiert; meine Betroffenheit ist noch immer nicht zur Routine abgeflacht. Mit folgendem Dialog beantworte ich die Frage, warum Borreliose-Diagnostik und -Therapie noch immer ein Problem sind:

„Sie haben doch sicher schon viele Jahre ihr eigenes Handy" Die Antwort fast immer: „ja, natürlich!"

Verschiedenes

"Vielleicht haben Sie oder ihre Kinder schon ein neueres Modell?" Auch hier eine Bestätigung. *"Sehen Sie, so fortschrittlich geht es zu, wenn man mit einer Sache Geld verdienen kann."*

Willy Burgdorfer (1932 bis 2014):

"Die Kontroverse in der Lyme-Krankheitsforschung ist eine beschämende Angelegenheit. Die ganze Sache ist politisch verdorben. Das Geld geht an Leute, die in den vergangenen 30 Jahren immer das Gleiche hervorgebracht haben, nämlich nichts"

Empowerment – ich habe einen Traum
Von Ute Fischer

Das, was ich vor zig Jahren als Fachkauffrau Marketing gelernt habe, bewährte sich nicht nur in der eigenen Selbstständigkeit als Journalistin und Buchautorin, auch in der Führung unserer Patientenorganisation, und das nun schon seit über zehn Jahren. Auch eine Selbsthilfeorganisation ist wie ein Unternehmen und benötigt daher Strategien und Instrumente, um Mitglieder (Kunden) zu gewinnen und bei der Stange zu halten, ein Beratungssystem, um Hilfesuchenden zuverlässig und so schnell wie möglich weiterzuhelfen, aber auch um Finanzmittel zu beschaffen, ob das nun Fördergelder sind oder Spenden. Nicht zu vergessen die Öffentlichkeitsarbeit durch Presse und Publik Relation.

Verschiedenes

Auch dies ist ein Marketinginstrument, um bekannt zu sein, seinen Ruf zu mehren und seine Reputation und Zuverlässigkeit zu dokumentieren. Nur so wird man ein vertrauenswürdiger Partner auch als Selbsthilfeorganisation.

Doch der Traum bleibt eine Seifenblase, wenn man keine Mannschaft hat, die auf allen Marketinginstrumenten mitspielt. Nehmen wir uns als Bundesverband mit rund 65 angeschlossenen regionalen Selbsthilfegruppen (SHG) Es sind weniger als zehn, von denen wir das Jahr über etwas zu lesen oder zu hören bekommen, dass sie aktiv an unserem Image mitwirken. Die meisten SHG – nicht nur für Borreliose – wursteln vor sich hin, treffen sich mal hier, mal da, finden keine Vertreter oder Nachfolger. Einige lösen sich manchmal über Nacht wieder auf. Der Grund ist, dass sich ein Einzelner schnell erschöpft, zumal wenn er mit falschen Vorstellungen eine SHG gründet. Hier herrscht Aufklärungsbedarf.

Ich werde immer wieder gefragt nach der Ausgestaltung des Gruppentreffens. Manche Leiter stellen sehr hohe Anforderungen an sich selbst und meinen, alle Fragen einer Gruppe beantworten zu müssen. Andere gründen gleich gar keine SHG, weil sie befürchten, sie wüssten selbst zu wenig von der jeweiligen Thematik. Ich wünschte, es gäbe (mehr) Vorbereitungsseminare für Aktive, die sich als Leitung einer SHG einbringen möchten.

Mein Rat: Das Wichtigste, was ein SHG-Leiter können muss ist, einen Raum zu organisieren, in dem man sich treffen kann und den Schlüssel zum Aufschließen nicht zu verlieren. Für das erste Mal sollte man seine Heimatzeitung anrufen und bitten, den Termin des ersten Treffens als Nachricht abzudrucken, damit Betroffene überhaupt erfahren, wo man sich zusammenfinden kann. Wer danach meint, immer der Vorturner sein zu müssen, überschätzt

Verschiedenes

sich und fühlt sich schnell überfordert. Es ist wichtig, dies den SHG-Teilnehmern zu kommunizieren; damit sie begreifen, dass sie nicht alleine zum Klagen eingeladen wurden.

Was ist eine SHG? Ich sage immer: Das sind sechs Leute mit abgefrorenen Nasen, die sich in der Eisdiele treffen. Selbsthilfe heißt so, weil man sich selbst helfen möchte und das mit der Erfahrung anderer, denen es genauso oder ähnlich geht. In der SHG kann man endlich das sagen, was einem schon lange auf dem Herzen liegt und wofür man niemand sonst zum Zuhören hat. In einer SHG kann man seine Fragen an alle stellen und alle, wirklich alle sind aufgefordert, mit zu überlegen, welche Problemlösungen möglich wären.

Gesundheitsbetonte SHG benötigen nur im Ausnahmefall (teure) Ärztevorträge. Wenn Ärzte unsere Krankheit richtig behandelt würden, bräuchte man keine SHG. Es ist die Kernkompetenz einer SHG, Patientenfragen zu stellen und die Antwort zu erarbeiten, womit man beim Arzt eben nicht weitergekommen ist. Es ist auch die Kernkompetenz einer SHG, das Menschliche, Private zuzulassen, anstatt seine Gebrechen in sieben Minuten herunterzurasseln, zumindest als Kassenpatient. SHG-Teilnehmer können sehr viel Stärke und Zuversicht erfahren und gemeinsam Strategien entwickeln, wie Patientenrechte strategisch durchgesetzt werden können, wie man ein Arzt-Patienten-Verhältnis auf gleicher Augenhöhe erwirbt und eine Win-Win-Situation abstreben kann, bei der sich beide Hälften nicht über den Tisch gezogen fühlen.

Diese Art von SHG ist mein Traum. Diese Art von SHG wird auch erkennen, dass man in einem bundesweiten Verband von vielen SHG viel schlagkräftiger, überzeugender und häufiger in den Medien sein kann, wenn man mit an

Verschiedenes

deren SHG zusammenarbeitet, gemeinsam Strategien mitentwickelt und Impulsgeber für seinen Dachverband ist. Und das nützt auch der SHG vor Ort, weil sie eher akzeptiert und im günstigsten Fall vorrangig mit Fördermitteln und Spenden bezuschusst wird, als besagte abgefrorene Nasen in der Eisdiele.

Für mich ist so eine vernetzte Struktur von Selbsthilfegruppen das, was man im Marketing Empowerment nennt. Man kann es auch schlicht deutsch ausdrücken: Gemeinsam sind wir stark. Gemeinsam sind wir glaubwürdiger. Gemeinsam halten wir uns an den Händen fest und fallen nicht so leicht um, auch wenn uns das Leben beutelt. Gemeinsam lernen wir voneinander und es geht uns besser. Und wenn es uns besser geht, können wir die Arme ausbreiten für die, die noch Anleitung benötigen, wie man sich selbst hilft.

Dieser Beitrag entstand für NAKOS INFO 114 im April 2016.

Literatur

Selbsthilfe

Werden Sie Mitglied im Borreliose und FSME Bund Deutschland e.V. Er kämpft

- für generelle Meldepflicht
- zuverlässige Diagnoseverfahren
- standardisierte Labortests
- für Borreliose-Ambulanzen für Gesetzlich Versicherte
- für die Kontrolle der Ärztlichen Selbstverwaltung
- für zuverlässige evidenzbasierte Leitlinien
- für kompetente Anwälte
- für uneigennützige Gutachter
- für aufmerksame Richter

Mitglieder erhalten jährlich zwei Fachzeitschriften über den neusten Stand der Borreliose sowie Rat und Hilfe bei Ansprüchen gegen Leistungsträger und Leistungsverweigerer. Es existiert ein kompetentes Anwälte-Netzwerk. Die Kooperation mit dem VdK ermöglicht Mitgliedern die kostenlose Erstberatung.

Mitgliedsbeiträge und Spenden sind steuerlich absetzbar. Der Verein verfolgt ausschließlich und unmittelbar gemeinnützige Ziele. Er ist Mitglied in den Spitzenverbänden

Literatur

der Deutschen Wohlfahrtspflege, im Paritätischen Wohlfahrtsverband, in der Bundesarbeitsgemeinschaft BAG Selbsthilfe, im Behindertenrat sowie in der Arbeitsgemeinschaft der Selbsthilfegruppen DAG SHG.

Spendenkonto: Bank für Sozialwirtschaft
IBAN: DE48 3702 0500 0001 1202 00
BIC: BFSWDE33XXX

Geschäftsführung
E-Mail: info@borreliose-bund.de

Telefonische Beratung

Tel. 01805-006935

Montag bis Donnerstag von 10.00 bis 12.30 Uhr
Freitag von 18.00 bis 20.00 Uhr

(0,14 €/Minute aus dem deutschen Festnetz, maximal 0,42 €/Minute aus dem Mobilnetz)

Die Homepage www.borreliose-bund.de enthält Wissenswertes und Aktuelles zum Lesen und Downloaden. Alle Links sind geprüft. Es ist unmöglich, Internetschrott und Falschinformation von Unautorisierten einzubringen. Hier sind die meisten der Borreliose-Selbsthilfegruppen nach Postleitzahlen geordnet zu finden. Hier kann man spenden, Zeitschriften bestellen und einen Mitgliedsantrag ausdrucken.

Selbsthilfegruppen (SHG) und –vereine (SHV), Berater und Kontakter sind ehrenamtliche Initiativen. Sie bringen ihr Wissen und ihre Erfahrung aus eigener Betroffenheit, in bester Absicht und nach bestem Wissen ein. Sie ersetzen jedoch keinen Arztbesuch und sind als Privatpersonen nicht rund um die Uhr erreichbar. Feierabend und Wochenende sollten allen Ratsuchenden heilig sein.

Literatur

Borreliose und Hashimoto

Schon vor zehn Jahren berichtete die Selbsthilfegruppe Weiden, dass auffallend viele Gruppenmitglieder neben der Lyme-Borreliose auch die Diagnose Hashimoto erhalten hätten.

Die Hashimoto-Thyreoiditis, 1921 zum ersten Mal von dem japanischen Arzt Hakuro Hashimoto beschrieben, ist eine Autoimmunerkrankung, bei der es zur Zerstörung der Schilddrüse kommt. Sie beginnt meist mit einer allmählichen Vergrößerung der Schilddrüse, die oft von den Patienten selbst als Verdickung am Hals gefunden wird. Sie kann von Heiserkeit und Atembeschwerden begleitet werden. Steht der Zerstörungsprozess noch am Anfang, kompensiert der Körper und bildet Hormone, damit der Hormonspiegel im Normbereich bleibt. Es können aber bereits erste Symptome einer Hypothyreose (Schilddrüsenunterfunktion) auftauchen.

Äußerliche Zeichen: Haarausfall, Erschöpfung, Ängstlichkeit, ständiges Frieren, fahle Haut, Nebel im Gehirn, Schmerzen und Taubheit in den Armen, Gewichtszunahme, Depression, Verstopfung. Es erkranken überwiegend Frauen.

Außer durch Jodüberschuss können Immunzellen auch in Folge viraler und bakterieller (!!!) Infektionswege zur Schilddrüse gelockt werden. Diese befallen entweder die Schilddrüsenzellen und müssen beseitigt werden oder sie sehen ihnen ähnlich und es kommt zur sogenannten „molekularen Mimikry". Als molekulare Mimikry wird die Theorie bezeichnet, dass Bakterienzellen oder andere mikrobielle Auslöser so ähnlich aussehen, wie die Zellen, die zu unserer Physiologie gehören. Das Immunsystem geht versehentlich dagegen vor; so entstehen Autoimmunprozesse.

Trevor Marshall (der das Marshal Protocol zur Behandlung einer Lyme-Borreliose entwickelte) meint, dass die Auslöser dieses Autoimmunprozesses nicht nur ein Bakterien- oder Virustyp sei, sondern ein ganzer Reigen aus vorhandenen Erregern. Die fand er im Speichel von Hashimoto-Patientinnen, unter anderem Borrelia burgdorferi und Yersinia enterocolitica, eine häufige Co-Infektion bei Borreliose.

Die Autorin Izabella Wentz hat Pharmazie studiert und ihre universitäre Ausbildung mit dem amerikanischen Berufsdoktorat abgeschlossen. Sie arbeitet als klinische Pharmazeutin. Sie erkrankte 2009 selbst an Hashimoto und schildert nun in ihrem Buch, wie sich der Teufelskreis dieser Autoimmunerkrankung erfolgreich durchbrechen lässt. Sie hat ihren Hashimoto im Griff. Mit Nahrungsmittelumstellung, Auslassdiäten, Elimination bestimmter Nahrungsmittel, Entgiftungsmethoden. Damit, so die Autorin, lasse sich ein Hashimoto zum Stillstand bringen.

Hashimoto im Griff, Izabella Wentz,
 Vak Verlag, Kirchzarten, 360 Seiten, 19,99 Euro
ISBN 978-3-8673-1166-3

Ayurveda aus der eigenen Küche

Wer sich schon immer mal von der ayurvedischen Lehre der Gesundheit verwöhnen lassen wollte, ohne extra nach Indien fahren zu müssen, für den ist dieses Büchlein die Anleitung für einen Schnupperkurs zu Hause. Schon die Definition weckt Hoffnung und Zuversicht: Es gilt, den natürlichen Zustand der Gesundheit durch angemessene Ernährung und Übungen wiederherzustellen. Freilich

Literatur

macht das mit Tamtam und Klingeling, mit Ölguss und vierhändiger Massage mehr Spaß. Aber man muss erst einmal wissen, was Ayurveda ist, um sich darin fallen zu lassen. Und das geht durchaus in der eigenen Küche.

Es ist ein ayurvedisches Buch der Hausmittel mit Lösungen für Alltagsbeschwerden wie Morgensteifigkeit, ruheloser Schlaf, Erschöpfung, starkes Schwitzen, Kältegefühl, Niedergeschlagenheit, Nackenschmerz, Unduldsamkeit und geringe Ausdauer, um nur einige zu nennen. Es geht dabei um Reinigung, Entgiftung, Beruhigung und Verdauungsballance. Es werden 135 Heilmittel beschrieben, die alle aus Küchenzutaten bestehen wie Knoblauch, Ingwer, Kreuzkümmel, Kardamom, Fenchelsamen, Muskatnuss, Basilikumblätter oder Gewürznelken.

Ein eigenes Kapitel ist den ayurvedischen Alternativen zu Antibiotika gewidmet. In diese Kategorie gehört der Asant, in der Gourmetküche auch Teufelsdreck genannt. Die drei Meter hohe Pflanze kommt aus dem Iran oder Afghanistan. Ihr öliges Harz kann man als feingemahlenes Pulver in Feinkostläden oder im Internet kaufen. Dieses in Ghee (eine Art Butterschmalz, das man kaufen oder selbst herstellen kann) auf-

Literatur

gelöst, wird bei schweren bakteriellen Infektionen alle vier Stunden in der Dosis eines halben Esslöffels eingenommen. Bei weniger schweren Infekten kann man es auch in klare Gemüsesuppe einrühren.

Im letzten Kapitel sind dann noch einmal alle Gewürze und Kräuter einzeln beschrieben. Als Werkzeug benötigt man lediglich einen Mörser oder eine Kaffeemühle zum Zerkleinern von Gewürzen und eine Reibe, wie sie in jedem Haushalt steht. Schon die Aufmachung dieses handlichen Büchleins mit viel Rosa und dunkelroter Schrift weckt Lust und Zuversicht auf wohliges Guttun.

Die Ayurveda Apotheke Einfache Hausmittel für kleine Beschwerden Dr. Vinod VermaVerlag Knaur Menssana, 188 Seiten, 16,99 € ISBN 978-3-426-65798-0

Bücher von den Autoren

Borreliose – Zeckeninfektion mit Tarnkappe

Von Betroffenen für Betroffene, 6. komplett überarbeitete, erweiterte Auflage, 237 Seiten. Hirzel-Verlag Stuttgart, ISBN 978-3-7776-1798-5, 19,80 EUR. Im Buchhandel.

Aus dem Inhalt: Zecken und was man über sie wissen muss, Durch Zecken übertragene Krankheiten, Erste Hilfe und Risiken nach einem Zeckenstich, Symptome und Krankheitsverläufe, Fehl- und Verlegenheitsdiagnosen, Neuroborreliose, Spätborreliose, Borreliose in Schwangerschaft und

Literatur

Kindheit, Die Suche nach dem richtigen Arzt, Therapie und Nebenwirkungen, Gründe für Therapieversagen, Borreliose und Rehabilitation, Rechte und Ansprüche an Leistungsträger, Borreliose-Selbsthilfe. Dieses Buch, das mit Unterstützung von Ärzten entstand, soll Ärzten und Patienten helfen, die Tarnkappe zu lüften. Damit Betroffenen ein langer Leidensweg erspart bleibt.

Borreliose-Jahrbücher 2006, 2007, 2008, 2009,
nur noch antiquarisch.

Borreliose-Jahrbuch 2010

Die verheimlichte Krankheit, Laborwerte verständlich, Labor-Vergleiche, der zehnte Hirnnerv, Borreliose als Pandemie, Heilungsgeschichten, Borreliose und Depression, Borreliose beim Hund u.v.a

184 Seiten, Verlag Books on Demand, Norderstedt
ISBN 978-3-8391-1668-5, 17,90 €, Im Buchhandel

Borreliose-Jahrbuch 2011

Spontanheilung? Beweis für chronische Borreliose, Marshall Protocol, Lyme-Cocktail nach Dr. Klinghardt, Ozon-Sauerstoff-Eigenblut? Reha finden, Patientengeschichten, Demenz und Depression u.v.a.

184 Seiten, Verlag Books on Demand, Norderstedt,
ISBN 978-3-8423-1908-0, 17,90 €, im Buchhandel

Borreliose-Jahrbuch 2012

Diagnose vom Computer, Antikörper als Krankmacher, Laborwissen, Referenzwerte prüfen, DBG-Tagung in Wuppertal und Konstanz, Kultureller Erregernachweis, Differenzialdiagnosen, Demenz, Teuflische Experimente, Eltern von Borreliose-Kindern, Gutachter-Mafia, Antibiotika für Zuchttiere u.a., nur noch bei den Autoren, 12,90 €.

Literatur

Borreliose-Jahrbuch 2013

Triggern Streptokokken Borrelien, Borreliose oder Depression, GBS oder Neuroborreliose, Robert Enke, Akupunktur, Stammzellen-Therapie, Spirochäten-Antigen im Gelenkknorpel, auch Richter irren, angreifbare Leitlinien-Autoren, Borrelien unter dem Laien-Mikroskop, Parkinson u.a., nur noch bei den Autoren, 12,90 €.

Borreliose-Jahrbuch 2014

Fibromyalgie, Borreliose homöopathisch heilen, teuflische Diagnosen, Insulin-Potenzierte-Therapie, die Rex-Therapie, Elektrosmog, Alzheimer, Entzündungen aufspüren, Zeckenparadies Borkum, Skandal OLG München u.v.a.

120 Seiten, bebildert, Verlag Books on Demand,
ISBN 978-3-7322-5642-6, 12,90 €
Als E-Book, ISBN 978-3-7322-7705-6, 9,49 €
im Buchhandel und übers Internet

Borreliose-Jahrbuch 2015

Angebliche Leukämie war Neuroborreliose, Wenn Schulkinder nicht mehr funktionieren, Borreliose heilen mit TCM, es muss nicht immer Antibiotika sein, Fiebertherapie zuhause, Sehnenscheiden-Entzündung und Karpaltunnelsyndrom, wie man Gutachter ablehnt u.v.a.

134 Seiten, bebildert, Verlag Books on Demand, Norderstedt
ISBN 978-3-7357-7753-9, 12,90 €
Als E-Book ISBN 978-3-7386-6613-7, 7,49 €
im Buchhandel und übers Internet

Borreliose-Jahrbuch 2016

Psychische Störungen und wie sie zu unterscheiden sind, Differenzialdiagnose MS und Neuroborreliose mittels MRT, Therapieblockade Übersäuerung, Wie der Glaube

Literatur

heilen kann, Übungen zur inneren Balance bei Schwindel, Opioide gegen chronische Schmerzen, Bad Aiblinger Versprechen, Artemisia (Beifuß) u.v.a.m.

124 Seiten, bebildert,
Verlag Books on Demand, Norderstedt
ISBN 978-3-7386-3747-2, 12,90 €
Als E-Book 6,99 €ISBN 978-3-7392-8465

Leben mit Borreliose

Aus dem Inhalt: Was das Immunsystem hemmt und stärkt, Ernährung, Der richtige Ausdauer-Sport, Ein Kopf voller Liebe, Wie man Ärzte zum Zuhören bringt, Verzeihen und Versöhnen, Die Macht der Selbstheilungskräfte und Spontanheilung, Borreliose und die Traditionelle Chinesische Medizin, 80 Anwendungen von A bis Z und das Meiste umsonst, Arzneimittelreste ausschwemmen, Strategien zum Glücklichsein, Ein Gebet als Medikament, Entschleunigen, 15 Anleitungen zum Bewältigen eines richtigen „Scheißtags" mit Borreliose.

Leben mit Borreliose

124 Seiten, Verlag Books on Demand, Norderstedt, bebildert, ISBN 978-3-8448-1723-2, 12,90 €. Im Buchhandel.
E-Book: ISBN 978-3-8448-3628-8, 9,99 €

Literatur vom Borreliose und FSME Bund

je Versand insgesamt zuzüglich 2,50 € Versandkosten
Bestellungen an Borreliose und FSME Bund
Postfach 1205
64834 Münster
Tel.: 06078-5039941

Literatur

Fax 06078-5039943
E-Mail: service@borreliose-bund.de
www.borrelios-bund.de

Borreliose Wissen BASIS

Neuauflage 2012: Alles über Diagnostik, Labor, Symptome, Therapien, Berufskrankheit u.a., 64 Seiten, 9,50 €

Borreliose Wissen KINDER

Neuauflage 2013: Alles über Borreliose bei Kindern und Jugendlichen, Schwangeren, in der Stillzeit, Kinder- und Elterngeschichten. Gefördert von der Barmer GEK, freiwillige Spende erwünscht.

Borreliose Wissen 19
Chronische Borreliose, 52 Seiten, 4,00 €

Borreliose Wissen 21
Borreliose und die Psyche
Als kostenloser Download www.boreliose-bund.de

Borreliose Wissen 22
Alternativen, Strohhalme, Experimente 56 Seiten, 4,00 €

Borreliose Wissen 23
Fehldiagnosen, Differenzialdiagnosen, 56 Seiten, 7,50 €

Borreliose Wissen 24
Schmerz, Borreliose beim Hund, 40 Seiten, 4,00 €

Borreliose Wissen 25
Gender – Borreliose bei Mann und Frau, 52 Seiten, 4,00 €

Borreliose Wissen 26
Die Depressionsfalle, 60 Seiten, 7,50 €

Literatur

Borreliose Wissen 27
Lyme-Borreliose der Haut, 56 Seiten, 4,00 €

Borreliose Wissen 28
Schlaf + Ehrlichiose, 48 Seiten, 7,50 €,

Borreliose Wissen 29
Neuroborreliose, 48 Seiten, 7,50 €

Borreliose Wissen 30
Herz, 68 Seiten, 9,50 €

Borreliose Wissen 31
Der Darm, 52 Seiten, 9,90 €
Auch im Buchhandel. ISBN 978-3-7347-6083-9

Borreliose Wissen 32
Selbstheilungskräfte, 56 Seiten, 9,50 €

Borreliose Wissen 33
Borreliose und Autoimmunerkrankungen
44 Seiten, 9,50 €

Borreliose Wissen 34
Borreliose und die Psyche
60 Seiten, 8.50 €

Borreliose Wissen 35
Auge und Zahn (April 2017)

Mitglieder des BFBD erhalten die jährlich erscheinenden beiden Exemplare im Rahmen ihres Mitgliedsbeitrags kostenlos zugeschickt.

Zu guter Letzt

Braucht man noch dieses Buch? Braucht man noch gedruckte Zeitschriften? Die Mediennutzung wandelt sich durch das Internet seit Jahren. Das merkt der Borreliose und FSME Bund Deutschland am zurück gehenden Abverkauf seiner Zeitschriften. Auch das Borreliose-Jahrbuch verzeichnete zurück gehende Auflagen. Immer mehr Patienten suchen Antworten auf ihre Fragen im Internet. Und bitte umsonst. Dort findet man tatsächlich viele Antworten, wenngleich die meisten Nutzer sich keine Gedanken machen, wer diese Antworten ins Netz stellt und welche Absicht dahinter steckt. Auch wir werden mit Pressemitteilungen bombardiert, sogar mit angeblichen Patientengeschichten beschickt, die sich beim Nachrecherchieren als versteckte Werbung für allerlei Heilmittel und Apparate entpuppt. Wissenschaftlich aufgemachte Internetportale und Foren offerieren Botschaften, die nur einer nützt: der Pharmaindustrie, den Unfallversicherungen.

Im Herbst 2016 machte sich ein Dänisches Kamerateam auf den Weg, um Ärzte in Deutschland mit gefälschtem Blut und erfundenen Symptomen zu einer Borreliose-Diagnose zu verführen, um dann triumphierend zu berichten, dass dies geglückt sei. Ist es das, was wir Borreliosepatienten brauchen? Wir werden schon jetzt als Melkkühe der Pharmaindustrie benutzt, wie Sie auf Seite 58 lesen konnten. Jedes Jahr kommen Borreliose-Patienten aus aller Welt nach Deutschland, weil hier – auch durch die Deutsche Borreliose-Gesellschaft – am meisten Wissen und Aufmerksamkeit für Lyme-Borreliose existiert. Anfangs kamen die Attacken nur aus Deutschland. Nun also auch Europa. Uns demotiviert das nicht. Solange wir klar denken können, werden wir die Stimme erheben und Missstände aufdecken.

Zu guter Letzt

Um dafür mehr Zeit zu haben, vor allem um unser umfangreiches Archiv aus 20 Jahren zu öffnen, um mit Namen von Politikern aller Bundesländer und des Bundes, von Institutionen und Medien darzulegen, wie Lyme-Borreliose aus purer Absicht, aus Gedankenlosigkeit oder Desinteresse vernachlässigt wurde und wird.

Ja, es wird eine Art Abrechnung. Der Borreliose-Patient muss wissen, wo er steht. Und die, die für diesen Missstand verantwortlich waren und sind, können nicht behaupten, dass sie davon nichts gewusst haben.

Wir sammeln weiter

Ute Fischer + Bernhard Siegmund